互联网金融

——信用撬动财富

坚鹏■著

北京理工大学出版社
BEIJING INSTITUTE OF TECHNOLOGY PRESS

图书在版编目（CIP）数据

互联网金融／坚鹏著．— 北京：北京理工大学出版社，2014.9
ISBN 978 - 7 - 5640 - 9686 - 1

Ⅰ.①互…　Ⅱ.①坚…　Ⅲ.①互联网络 - 应用 - 金融　Ⅳ．① F830.49

中国版本图书馆 CIP 数据核字（2014）第 202737 号

出版发行／北京理工大学出版社有限责任公司
社　　址／北京市海淀区中关村南大街 5 号
邮　　编／100081
电　　话／(010) 68914775（总编室）
　　　　　82562903（教材售后服务热线）
　　　　　68948351（其他图书服务热线）
网　　址／http: // www.bitpress.com.cn
经　　销／全国各地新华书店
印　　刷／北京泽宇印刷有限公司
开　　本／710 毫米 ×1000 毫米　1/16
印　　张／12.25
字　　数／168 千字
版　　次／2014 年 9 月第 1 版　2014 年 9 月第 1 次印刷
定　　价／39.80 元

责任编辑／施胜娟
文案编辑／施胜娟
责任校对／周瑞红
责任印制／李志强

图书出现印装质量问题，请拨打售后服务热线，本社负责调换

前 言

历史总是在不断地变革中推动着时代向前发展，在时代前进的滚滚洪流中，守旧的事物会被创新的事物所取代，落后的事物会被先进的事物所代替。这也是人类从农业文明时代走向工业文明时代，再迈向如今的信息文明时代的原因，可以说是历史发展的必然。

信息文明时代就是我们当下所处的时代，这个时代金融的表现形式是互联网金融。也就是说，互联网金融是这个时代的主旋律。在这个时代，如果你还不懂互联网金融，那只能证明你已经大大落后于这个时代，跟不上这个时代发展的步伐了。

我做培训师多年，深感互联网金融的迅猛发展。如今，随着 2014 年全面深化改革元年的到来，互联网金融乘着这股东风，再次以势不可当的威力和睥睨天下的气势在金融领域跑马圈地、占山为王。它如同一个强壮的巨人，所到之处，传统金融无不惊慌失措，大喊“危险来了”。

阿里金融横空出世、企鹅版图不断扩大、腾讯开启基金战略、京东和苏宁发力供应链金融、互联网“宝宝”军团满天飞、P2P 平台遍地开花、众筹模式不断试水金融深水区，等等，互联网金融可谓把传统金融界杀得人仰马翻、心惊肉跳。

当我开始庆幸互联网金融通过自身的优势将传统金融逼得节节后退时，却发现很多人并不懂得享受互联网金融给我们带来的各种利好。这不是因为他们循规蹈矩不愿接受新事物，而是因为他们不了解互联网金融，不知道如何享受互联网金融带来的各种利好。这些人的心中充满了疑问：

什么是互联网金融，它和金融互联网的区别是什么？它将如何影响我们的生活？它有哪些风险？它未来的发展趋势是什么？它对传统金融产生了什么影响？创业者该如何把握互联网金融时代的各种机遇？人们如何在互联网金融时代获取更多的财富？等等。

而回答这些问题，正是我出版本书的目的。

在这本书中，我以全景式的视角、浅显生动的语言以及丰富翔实的案例，对互联网金融的整体形势进行了深刻的解剖。对于互联网金融时代最热门的代表，诸如互联网金融门户、大数据金融、第三方支付、阿里金融、P2P 网贷、众筹、互联网保险、虚拟货币投资等，我都进行了全面而精准的分析和讲解，相信大家阅读之后一定会有茅塞顿开的感觉。

任何一个时代，都会成就一批人。而在互联网金融时代，成就的将会是一批善于学习、紧贴时代脉搏、懂得互联网金融知识的人。如果你也想成为这个时代的佼佼者，那么不妨先从阅读本书开始吧。

坚　鹏

2014 年 5 月于深圳

目 录
CONTENTS

经商篇

经商篇

第一章
2014，中国互联网金融新纪元

2014年，承前启后。互联网金融在这个全面深化改革元年呈现出了井喷式的爆发，每个互联网金融参与者都在寻找适合自己的玩法。阿里巴巴金融致力于构建金融生态系统平台，人人贷将外来模式P2P演化成本土O2O模式，传统金融巨头平安玩转P2P；从第三方支付到众筹，从P2P到虚拟货币，无不发展得风生水起。这种种迹象都在表明，金融的交易已经开启了“自金融”时代，互联网金融风暴已经来袭，2014年，必将成为中国互联网金融的新纪元。

什么是互联网金融

“互联网金融”这个词语在2014年开始大热特热起来，我觉得是一种理所当然的现象。早在2010年，我就告诉过很多人，让他们提前做好准备，因为互联网金融时代很快就要来了。

这些人问我何时会到来，我说当互联网“开放、平等、协作、分享”的精神不断向传统的金融业渗透，并且渗透到一定程度，可以在金融业产生作用的时候，互联网金融的爆发就具备条件了。而这种情况最可能出现在新一届政府上台后，更确切地说应该是在新一届政府上台后的第二年，也就是2014年。因为那时候各方面都已准备妥当，互联网金融的时代大幕自然就要拉开。

时间是最好的证人。经过2013年的预热，2014年一到，互联网金融一下子火了起来，并且来势汹汹，让很多人猝不及防。网络上、电视上、报纸上、广播上、书籍上，甚至是广告牌上，等等，处处可以看到或听到“互联网金融”这几个字。可以说，互联网金融已经成为人们茶余饭后的话题之一。

不过，对于互联网金融的认识，大多数人还只是一知半解，甚至根本不了解。今年很多人都问过我到底什么是互联网金融。在和他们的交谈中得知，虽然互联网金融如今已经是个如日中天的话题，但他们大多数人认为互联网金融就是在网上买东西。这是一种比较肤浅的认识，虽然在网上买东西算是互联网金融的一种具体表现形式，但互联网金融是一个非常大的范畴，远非网购可以概括的。

从严格意义上来说，互联网金融是传统金融行业与互联网精神相结合的新兴领域。互联网金融与传统金融的区别不仅在于金融业务所采用的媒介不同，更重要的是在于互联网金融具有“开放、平等、协作、分享”的优势，这是传统金融的短板。互联网金融可以借助互联网、移动互联网等工具，使传统金融业务具备透明度更高、参与度更广、中间成本更低、操作更便捷、协作性更好等一系列特征。

所以，从理论上来说，任何涉及广义金融的互联网应用，都应该是互联网金融，不仅包括了第三方支付、在线理财产品的销售，就连在线理财产品的信用评价审核、网上银行、金融中介、金融电子商务等模式也属于互联网金融的范畴。

我对互联网金融的知识体系做过一个非常系统的研究，我认为互联网金融实际上可以分为六大模式，分别是第三方支付、P2P网贷、大数据金融、众筹、互联网金融门户、信息化金融机构，其中第三方支付、P2P网贷、大数据金融、众筹、互联网金融门户这五大模式会在后面的章节中给大家进行详细的讲解，而信息化金融机构这个模式由于太过专业，并且和我们普通人的生活没有交集，所以在本书中不做讲解。毕竟我写书的目的是以实用为前提的。

2014年2月21日，一篇名为“取缔余额宝”的博文可谓是把互联网金融推向了风口浪尖。这篇博文是央视证券资讯频道执行总编辑兼首席新闻评论员钮文新写的，他在博文中写道：“余额宝是趴在银行身上的‘吸血鬼’，典型的‘金融寄生虫’。它们并未创造价值，而是通过拉高全社会的经济成本并从中渔利。它们通过向公众输送一点点蝇头小利，为自己赢得了巨额利润，同时让全社会为之买单。我们都指责商业银行暴利，但银行毕竟是通过经营贷款风险之后才获得的风险收益；但余额宝睡着觉就可以从240亿元的收益中分走80亿元，而且风险比打劫还小，这难道不是暴利？”

钮文新的意思很明白，他要求国家取缔余额宝，还中国以正常的金融秩序。

他认为余额宝冲击的不仅是银行，还冲击了中国全社会的融资成本，冲击的是整个中国的经济安全。鉴于钮文新的公众人物身份，他的言论将身披互联网金融招牌的余额宝提升为最热门话题，有一些从事互联网金融的精英人士甚至撰文大呼："钮文新，请放开那条鲶鱼！"言辞间无不透露着对钮文新的不满和愤懑。

当然，在这场舆论之战中，最大的胜利者不是钮文新，而是余额宝。因为它是互联网金融的典型代表，赢得了大众对其互联网精神的认可。所以，余额宝在一片支持声中迅速走向壮大。

看到余额宝的强势崛起，一些后知后觉的企业也开始幡然醒悟。一时间，无论是巨头企业，还是小微型企业都在互联网金融这块未经大力开发的领域跑马圈地、占山为王。所以，我们才会不断看到互联网融资、互联网理财、互联网证券、互联网保险、互联网金融销售平台等互联网金融的衍生品层出不穷。

下面我给大家简要地介绍一下互联网金融的特点。

金融服务基于大数据的应用，这是互联网金融的首要特点。数据一直是信息时代的象征，金融业既是大数据的重要生产者，也是大数据的高度依赖者。可以说，金融业是靠数据驱动的行业。而在互联网金融环境中，其最不缺少的就是数据，而靠着数据作为金融核心资产这一点，必将撼动传统客户关系及抵、质押品在金融业中的地位。其中，阿里小贷就是将数据运用到极致的典型代表，这些我会在后面进行详细讲解。

金融服务趋向长尾化，这是互联网金融的第二个特点。与传统金融的服务偏向"二八定律"里的20%客户不同，互联网金融的服务对象主要为剩余的80%。这也是互联网金融赢得市场和人心的关键所在。

金融服务高效、快捷、成本低，这是互联网金融的又一特点。互联网金融能够利用自身的互联网性质，在很短的时间内保质保量地实现客户的各种个性化需求，这不仅比传统金融服务更高效、快捷，还大大节省了纸张、时间、人力资源等成本。

在这个从干果到服装再到精油，都不断有互联网品牌诞生的时代，如果你还不懂互联网金融，那势必就会被互联网金融主导的时代淘汰。互联网金融，其实就是一种新的生活方式，它将带给我们更多的生活体验，比如高效、平等、自由、新颖、有趣，更重要的是，它能为我们提供更广阔的选择空间和更多的成功机会。

总之，互联网金融是一场金融变革的盛宴，不论大家是否准备好，都将进入这个新的金融世界。假以时日，互联网金融将会在岁月和市场的双重历练中更加成熟、稳重，它会逐渐颠覆传统金融模式，成为一种主流，对数亿人的生活和工作产生巨大的影响。那时候我们就会发现，互联网金融原来如此妙趣横生，别有洞天。

互联网金融与金融互联网

很多人分不清互联网金融和金融互联网的区别，他们大多数都以为互联网金融其实就是金融互联网，只是人们习惯性的不同叫法而已。其实这种观点是错误的，互联网金融不仅不是金融互联网，而且它们之间有着本质的区别。

互联网金融我们上一节已经了解得很详细了，这里不再赘述。金融互联网是指传统的金融业务与新兴的互联网技术相结合的产物，其实就是传统金融将自己的业务从线下拓展到了线上，多了一个营销渠道而已。我个人认为，金融互联网是传统金融对互联网金融施行的一种反击，意在收复被互联网金融“掠夺”去的失地。

马云在2013年6月举办的亚布力中国企业家论坛·外滩金融峰会上说过，未来金融有两大机会：一是金融互联网，金融行业走向互联网；二是互联网金融，由纯粹的外行来领导。金融行业也需要搅局者，更需要那些外行的人进来进行变革。如今，他的预言正在一步步成为现实。

我不管是在北京中关村的写字楼上，还是在上海金茂的咖啡厅里，抑或是在深圳前海一家西餐厅里，都能听到一些西装革履的精英人士在谈论互联网金融，可以说，互联网金融正以可以燎原的野火一般蔓延开来。在这种情况下，如果传统银行还不赶紧借助互联网来进行反击，那就将会彻底失去人心。

如今，阿里小贷已经对传统银行的贷款机制进行了搅局；各种P2P网贷平台、众筹平台已经对传统金融机构的融资模式进行了搅局；各种第三方支付已经对银行的存取款业务进行了搅局，甚至形成了金融脱媒；各种互联网企业推出的保险已经对传统保险业进行了搅局；甚至各种虚拟货币也开始让传统银行心惊肉跳；各种“白条”、虚拟信用卡已经对银行的信用卡业务进行了搅局；人们在互联网金融环境的存款观念也开始对传统的存款观念进行了搅局……

传统金融机构自己心里也清楚，在互联网金融模式下，银行、券商和交易所等中介都不起作用，贷款、股票、债券等的发行和交易以及券款支付全都可以绕过银行，直接在网上进行，所以在这种情况下，自己一定要有所表现才是。于是，金融互联网就成了最佳行动方案。

早在2013年年底，就有平安银行、上海银行等率先推出0.01元起购的理财产品，客户可以将其闲置资金用来购买货币基金，且赎回资金实时到账。

2014年1月12日，中国工商银行电商平台“融e购”正式上线。这个项目是在酝酿了整整7个月后才正式上线的。我觉得工行这一举动一方面是为了反击互联网金融；另一方面也是加速自己的金融互联网化。据我所知，“融e购”的定位是打造消费和采购平台、销售和推广平台、支付融资一体化的金融服务平台，希望做到用户流、信息流、资金流“三流合一”的数据管理平台。也就是说，未来“融e购”将成为工商银行转型互联网的重要平台。

随后不久，工行又与工银瑞信基金联手推出“天天益”理财产品，工行用户可以把卡内沉淀资金投向“工银现金宝”，并且可以通过“工银现金宝”手机APP软件，直接在手机上开户，并随时通过APP软件充值和取现，而无须通过网银。2014年2月14日，工银货币七日年化收益率为6.131%，比其他互联网金融“宝宝”的收益率都要高出不少。

与此同时，交通银行则与易方达基金联合推出“实时提现”，可满足客户7×24小时申购和赎回需求，资金T+0实时到账，目前可对接交银施罗德基金、易方达基金等公司旗下的4只货币基金。

交行等也都纷纷放下身段，推出同类理财产品，同样是投向货币基金，都支持24小时购买和赎回，赎回资金实时到账。而其他多家股份制银行和城商行也纷纷效仿，在互联网上推出了各种理财产品和服务。一时间，互联网金融和金融互联网在互联网上激战一团，可谓空前热闹和激烈。

马云在谈论互联网金融和金融互联网的时候，说过这样一段话："中国不缺银行，但是缺乏一个对10年以后经济成长承担责任的金融机构。今天的金融，确实做得不错，没有今天的支撑20%客户这样的金融机构，中国的经济30年来不可能发展到今天。但是靠今天这样的机制，我不相信能够支撑30年后中国所需要的金融体系。很多问题不是今天造成的，而是历史造成的。我们很难改变历史，但我们可以改变未来。今天做准备，10年以后才有机会。今天我们引进开放，可能会有问题，但是今天的问题就会变成10年以后的成绩。"

我们从马云的话中不难看出，他是对传统金融的运行模式表达不满，也对互联网金融的未来充满自信。

那么，互联网金融和金融互联网之间真的是你退我进、你消我长、你死我活吗？其实，我觉得大可不必。如果两者能够精诚合作，倒不失为一种双赢的策略。在我看来，目前的互联网金融虽然发展得轰轰烈烈，但还远未成熟，可以说正处于起步阶段，这个领域普遍存在的情况是互联网从业者不懂金融，而在金融互联网领域的情况正好相反，就是金融从业者不懂互联网，这无疑都会给两者造成短板效应。

所以，我认为，真正的互联网金融是互联网和金融的完美对接、融合，而不是恶性竞争，互相掣肘。否则的话，可能会导致双方推出的产品或服务产生异化，迫使金融出现倒退的现象。

而从另一种角度讲，互联网金融无疑更符合潮流，受用户欢迎，所以一向以"金融老大"自居的传统金融机构，更应该在互联网金融的强势出击下放下身段，加快与互联网金融"联姻"的步伐。并且，互联网金融在所依托的技术平台、体制机制、商业模式、金融产品、服务模式、营销方法、作业流程等方面都要优于传统金融，所以，传统金融在金融互联网化的过程中，更应该潜心学习。

只要两者能够互相学习，在良性竞争中共同进步，我相信总有一天，不管是互联网金融，还是金融互联网，都会合二为一，成为一种更加民主化的金融模式。那时候，受益的将是整个时代。而这，也正是互联网金融的使命。

“宝宝”军团拉开互联网金融大幕

2014年可谓是个“宝宝”满天飞的年度，这一年各种“宝宝”层出不穷，并且种类五花八门，可谓把互联网金融推送到了一个“宝宝时代”，让人眼花缭乱。2014年3月中旬的一天，我竟然接了30多个客户打来的电话，无一例外都是咨询“宝宝”，他们想知道到底投资哪种“宝宝”收益率更好、安全性更高？到底哪种“宝宝”适合做长期、定期投资？是投资“宝宝”还是搞借贷？是投资“宝宝”还是投资房产？“宝宝”会不会被相关部门取缔？种种问题让我应接不暇。

我初步统计了一下，也就是我自己知道的“宝宝”，差不多就有30多种，像余额宝、微信理财通、苏宁零钱宝、百度百赚、壹钱包、微信余额宝、民生如意宝、中加天添宝、汇添富现金宝、E钱包、佣金宝、南方现金宝，等等。各种“宝宝”的加入让互联网金融显得热火朝天，硝烟弥漫。

我在2014年4月5日查阅了今年一季度各种“宝宝”的收益率情况，发现占据排行榜前三甲的分别是余额宝、理财通和零钱宝。它们的收益率分别高达2.02%、1.66%和1.6%。折算成年化收益率的话，则分别达到8.2%、6.73%和6.5%。也就是说，一万元一年分别可以收到820元、673元和650元的利息，这比银行活期存款的利息高出数十倍。当然，这要在收益率稳定的情况下才能实现。

各种“宝宝”为了增强自己的资金吸附能力，可谓绞尽脑汁，不断推出各种“存款神器”，其间的竞争也非常激烈。当然，银行也没有闲着，因为“宝宝”军团将那些在银行门口徘徊N年、羞涩难进的海量“屌丝”用户的活期存款吸走了，这相当于动了银行的奶酪，于是银行也推出各种“宝宝”，将从活期存款“平面战”升级到全方位的“立体储蓄战”。

在这些问题当中被提及次数最多的是余额宝。这一点我丝毫不奇怪。因为当今互联网金融领域的“宝宝”军团中，余额宝是当之无愧的领军人物。正所谓“花开引蝶，树大招风”，余额宝因为自身的迅猛发展而成为传统金融的众矢之的。

2013年6月13日，余额宝作为由第三方支付平台支付宝为个人用户打造的一项余额增值服务正式上线。截至2013年6月30日24点，余额宝才正式上线17天，累计用户数就已经达到251.56万个，累计转入资金规模66.01亿元；而到了2014年2月27日，余额宝用户量已突破8 100万个，总规模逼近5 000亿元。

面对这一巨大的用户数量和资金规模，业界人士都震惊了，因为大家发现余额宝的用户人数已经超过了A股股民的数量。当时沪深股市有效账户数分别为6 700万个和6 500万个，由于一般投资者都是沪深各一个账户，所以股民总数也就约6 700万人。但是大家别忘了，A股市场已诞生了23年，而余额宝才推出了8个月。相比之下，挂着互联网金融招牌的余额宝威力可见一斑。

不过，面对以余额宝为首的“宝宝”军团高歌猛进的成长速度，很多人都为它们捏了一把汗。我自然也不例外。我和大家都担心这些“宝宝”有一天会被取缔。因为众所周知，“宝宝”们是银行的敌人，它们在抢食银行的蛋糕。“宝宝”每吸走一元钱，银行就会失去一元钱。这无疑会让银行恼火。

另外，“宝宝”军团大多数都是由第三方支付平台通过购买货币基金，然后再把用户用来购买货币基金的钱以协议存款的方式存到银行，获取高额利息，再把这些利息反哺给用户，而且自己也从中抽取一定的管理费用。但是我国央行对第三方支付平台的管理规定是，可以购买协议存款，但并没有明确规定能够购买基金。在这种情况下，“宝宝”军团有着打法律擦边球的嫌疑，如果监管部门发难的话，“宝宝”军团就有可能全军覆没，黯然退场。

就当人们对“宝宝”军团的未来走向充满担忧时，人们突然听到了中国金融行业的最强音。2014 年 3 月 6 日，也就是“两会”召开期间，全国政协委员、中国人民银行行长周小川面对众多记者对于“宝宝”军团的未来走向提问时，他明确表示，余额宝等金融产品肯定不会被取缔。这可谓是平地一声惊雷起。众人听后无不欢呼雀跃，以为“宝宝”军团终于获得正名，成为互联网金融领域的独特风景，为互联网金融时代摇旗呐喊。

乐极生悲，这话一点都不假。正当大家都以为一切尘埃落定，“宝宝”军团可以尽情释放自己的活力和激情时，情况却急转而下。

3 月下旬，工商银行、农业银行、中国银行、建设银行四大行打着“为了保护用户资金安全”、“意在防控风险”的旗号，开始联手抵制“宝宝”军团，并相继下调“宝宝”们的快捷支付网上消费及购买“宝宝”的额度。其中，工行的额度由原先的单笔 5 万元下调为 5 000 元，每月限额则从 20 万元降为 5 万元。中行、农行则将额度从原先的单笔 5 万元降为单笔 1 万元。

这对余额宝的发展无疑是一种致命的打击。因为单笔支付资金的下调，会给“宝粉”们的转账、购物带来很大的不便，不少人会因为这种不便不得不忍痛舍弃“宝宝”。对于这一打击，就连一向自信的马云都变得异常紧张，他在来往的博文上写道“四大天王封杀，支付宝虽败犹荣，虽死犹生，但决定市场胜负的不应该是垄断和权力，而是用户！”“这是支付宝最艰难的时刻，也是最光荣的时刻。”

其实出现这样的状况也在我的预料之中，毕竟四大行作为传统金融行业的霸主，早已习惯了高高在上，怎么能够容忍他人在自己的地盘上随意而为呢？动了自己的奶酪，就必须反制。

虽然很多用户都会对四大行的做法颇有微词，但是四大行采用的“为了保护用户资金安全”“意在防控风险”等口号却不得不让我们失声，毕竟最近出现了不少“宝宝”用户的资金被盗取的事例。但是不管怎么说，我们从四大行的反制措施中都可以看出，“宝宝”军团最美好的时光已经结束。即便国家不会取缔它们，但未来它的成长注定充满了坎坷。不过我个人认为，只要互联网金融时代没有结束，“宝宝”军团依然会有一片广阔的天空。

基金电商跑马圈地

我在 2012 年的时候对很多客户和学员说过，少了基金电商的热闹，互联网金融就不是真正的互联网金融，而是一种畸形的发展。因为基金的互联网化，才是真正的互联网金融精神的体现。而未来那些能为巨头的基金电商，必将成为互联网金融时代最大的受益者。因为互联网金融时代为基金电商飞速成长壮大提供了得天独厚的条件，基金电商只要在互联网上振臂一呼，就可以财源滚滚而来。

如今，随着互联网金融时代的开启，很多基金电商也开始持续发力，跑马圈地，占山为王。我在上一节讲到的余额宝就属于基金电商的杰作，它是阿里巴巴和天弘基金公司共同合作的结果，它的正式名称叫天弘增利宝货币市场基金。

学员刘伟在一家基金公司的电商部门任职，2013 年以前工作还算清闲，每天只需把公司的官方网站、微博、微信维护好就行了。但到了 2013 年后半年，随着余额宝等各种“宝宝”的相继诞生，刘伟的工作压力越来越大。

他告诉我说：“以前我们这个部门只要做好网站维护等工作就可以了，但当余额宝掀起一股‘宝宝’的热潮后，我们领导开始重视我们这个部门。尤其是到了 2014 年，领导开始天天盯着我们的部门。只要一听到别家基金公司和互联网平台有合作意向，就开始督促我们也赶紧跟进。现在我们公司的关键业务就是找互联网平台合作。”

刘伟上司的做法确实是明智的，互联网金融时代，只有基金电商化，才能获得生存的资本。2013年，阿里巴巴和天弘基金合作推出余额宝后，立马就有20多家基金公司蜂拥而至，抢着要和阿里巴巴合作。当时淘宝网的基金店铺还没有正式上线。但也有不少基金公司为了抢占先机，就在淘宝平台上占了“店面”；紧随其后的是京东商城和其他基金公司的合作，因为京东旗下有第三方支付公司网银在线，这也是基金公司和京东合作的主要原因。

当然，另一个电商巨头苏宁易购也不甘人后，它也放出“旗下的易宝支付将要进军互联网金融”的话，一时间也吸引了很多基金公司；而腾讯这个超级巨头也不失时机地在自己的微信5.0版添加了支付功能，也使不少公司挤破了头要成为其战略合作伙伴，最后被实力强大的华夏基金捷足先登。

而到了2014年，基金电商跑马圈地的热度更加高涨。各种基金公司和电商的合作更加频繁。整个互联网金融领域好像患上了“狂躁症”，每天都有无数的基金电商制造出重磅消息。

2014年2月底，大型基金公司都开始发布跟电商有关的招聘信息，一时间引发了一场“挖角”混战。尤其是华夏、嘉实、易方达、南方、广发、汇添富六家基金公司巨头大手笔招聘互联网金融人才。其中，这轮招聘动作最大的是易方达，其互联网金融部发出的招聘岗位竟然达到了20个左右，这一疯狂举动让同行们无不大跌眼镜。

据我了解，这些基金公司招聘的岗位虽然不尽相同，但也大同小异，基本上都只招聘基金公司、电商网站、支付公司、电子银行等领域的从业者，并且至少要有该行业3年以上的工作经验。

仅从基金电商合作和基金公司招聘的举动我们就可以窥测到基金电商之间竞争的激烈程度。因为所有的参与者都明白，在互联网金融时代，马太效应将主宰一切。

什么是马太效应？我初次讲解这个知识点时，发现不少人都不了解。这里我给大家简要地说一下。马太效应是指强者愈强、弱者愈弱的现象。如今的时代是个大鱼吃小鱼，快鱼吃慢鱼，小鱼和慢鱼会饿死的时代，强弱两极分化会越发严重，大者恒大、强者恒强，小者更小、弱者更弱的情况会更普遍。如果从一开始就处于劣势或者起步过晚，那在未来超越别人的机会就会更加渺茫。

尤其是在这个有着互联网金融元年之称的2014年，要想在互联网金融领域占有一席之地，就一定要赶早不赶晚，宜早不宜迟。如果此时不拼，就会错失良机。所以，基金电商都开始铆足了劲地往前冲。而其中竞争最为激烈的还要数阿里巴巴和天弘基金联合推出的余额宝二代与腾讯和中证腾安联合推出的定投宝，双方酣畅淋漓的对议，被业界视为2014年的开年大戏。

首先大家先来认识一下余额宝二代和定投宝。

余额宝二代

1. 挂钩标的：保险产品。

2. 预期年化收益7%，保证投资本金安全，保最低2.5%年化收益率，不保证最高收益。封闭期1年（要求流动性的投资者要注意啦！一年内不能取出）。

3. 每个用户限购2 000份，每份1 000元，数量有限，售完即止。

定投宝

1. 投资标的：中证腾安价值100指数成分股、备选成分股、新股（一级市场初次发行或增发）等。

2. 购买渠道：银河基金（直销）、国内26家券商、天天基金网、数米基金网、众禄基金网（代销）。

3. 购买费用：号称零认申购和赎回费率。

4. 资金门槛：10元起。

“定投宝”将直接切入到A股，被认为是首只互联网权益类基金。其实质是一款股票型基金，是不保本的，未来收益如何不确定。我认为最大的特点是零认申购和赎回费率。

从这两个理财产品中我们可以看出，它们虽然都属于基金理财产品，但前者是保险类理财产品，后者是股票类理财产品，还是有着一定区别的。但是，有收益就有市场。两者之间的对攻可谓把这句话诠释得淋漓尽致。

余额宝二代和定投宝都是在2014年2月14日当天推出的，两者在市场上的强劲表现让同行们大跌眼镜。据支付宝官方发布的消息称，上午10点钟开售的总额5.8亿元的“元宵节保险理财产品”在3分钟内被抢购一空。不得不在下午又追加3亿元，又在3分钟被抢购一空。也就是说，余额宝二代推出的8.8亿元理财产品在6分钟内被4.3万用户抢购一空。

而定投宝的表现也毫不逊色，凸显“高端大气上档次”的“土豪”风范。由于抢购者太多，短期内访问量激增，导致部分用户无法正常登录官网进行交易。

当时我看到这些数据时，内心也非常震惊，从双方推出的产品取得的空前成功的形势来看，基金电商之间的战役已经不是枪炮对枪炮的斗争了，而是导弹对导弹的斗争。它们在互联网金融领域已经开始全面布局，每一方都想占据更大的地盘。因为谁的地盘大，谁在今后硝烟四起的市场中才有话语权。

不过，我也想对那些基金公司说，基金电商化的战略布局并没有错，但一定要学会借助互联网手段改变自己传统的思维方式和流程，最终真正实现基金电商化、金融产品互联网化，而不应该只是简单地把自己的基金拿到网上卖就可以了，这种新瓶装旧酒的做法最终只能是个噱头，最终会被市场和消费者抛弃。不要以为只要能打上互联网销售平台就可以一劳永逸，市场永远不同情守旧者。在互联网金融浩浩荡荡奔腾而来的时代潮流中，唯有懂得创新、变通的基金电商，才能成为时代的弄潮儿。

第二章

互联网金融门户运营模式大揭秘

随着互联网金融春风野火般渗透到我们生活的各个方面，互联网金融门户也开始呈现出多元化创新发展的趋势。互联网金融门户作为互联网金融在各个行业的渗透武器，它们的运营模式决定着互联网金融的发展前景。而我们能否全面了解、认识互联网金融门户，也决定了我们能否成为互联网金融时代的受益者。

什么是互联网金融门户

要想全面地了解和认识互联网金融，首先就要懂得什么是互联网金融门户，如此才能对互联网金融有一个系统、清晰的认识。

简单一点地说，互联网金融门户是指利用互联网提供金融产品、金融服务信息，汇聚、搜索、比较金融产品，并为金融产品销售提供第三方服务的平台。曾经有不少人问我互联网金融有没有更具体的划分方式，我告诉他们：“如果根据互联网金融门户平台的服务内容和服务方式进行划分的话，基本上可以划分为三个类别，分别是第三方资讯平台、垂直搜索平台以及在线金融超市。”

第三方资讯平台是指为客户提供全面、权威的金融行业数据以及行业资讯的门户网站，比较有名气的平台有网贷之家、和讯网、网贷天眼等。

垂直搜索平台是指针对某一特定行业的专业化搜索，对某类专业信息进行提取、整合以及处理，然后将结果反馈给客户。客户在该类门户上可以快速地搜索到相关的金融产品信息。这个平台通过提供信息的双向选择，从而有效地降低了信息不对称程度，大大提升了客户的满意度。

客户王雄在苏州开办了一家小微型外贸企业，2014 年年初向自己开户的工商银行申请 120 万元的短期贷款，由于他只有一套住房，所以无法满足工行必须抵押两套房产的条件而被拒之门外。如果资金再周转不开，公司就会有危险，王雄真是急坏了，拜托我帮他出点主意。

我当时根据自己多年的互联网金融研究经验，觉得他这种事情其实就是个小事情。便告诉他到“融360”网站去试试，应该没问题。经过我的一番指导，王雄在“融360”网站淘出了6款抵押类个人商务贷款。我给他分析了月供和利息水平后，他先后向民生银行和中国邮政储蓄银行提交了申请，这两家银行的信贷客户经理很快就和他取得了联系。最后经过沟通和比较，王雄在中国邮政储蓄银行信贷客户经理的帮助下获得了该行135万元贷款，解了公司的燃眉之急。

如今，类似王雄这样的“金融搜索族”越来越多，他们在“融360”这类垂直搜索平台上，通过金融搜索和推荐服务获得融资贷款的案例越来越多。我相信随着互联网金融的日益深入人心，这类垂直搜索平台也会越来越多。

接下来，咱们再来认识一下在线金融超市。在线金融超市在一定程度上充当了金融中介的角色，这个平台上汇聚了大量的金融产品，并提供在线导购及购买匹配，在利用互联网金融产品销售的基础上，还提供与之相关的第三方专业中介服务。它会在导购及中介服务的过程中，解决服务对称的问题。91金融超市、大童网、格上理财、软交所科技金融服务平台等都是这个领域的佼佼者。

如果还要对互联网金融门户进行细化的话，就需要从汇集的金融产品、金融信息的种类方面来着手了。根据我对互联网金融多年的研究，我觉得互联网金融门户还可以细化为P2P网贷类门户、信贷类门户、保险类门户、理财类门户、综合类门户这五个类别。其中前四类主要聚焦于单一类别的金融产品及信息，而第五类则致力于金融产品、信息的多元化，汇聚不同的金融产品和信息，有点包大求全的意思。关于这类知识，我会在下面的小节里进行讲解，因为只有全面地了解它们，才能正确认识和厘清互联网金融领域各种复杂的关系。

2014年4月，中国金融认证中心（CFCA）对外宣布启动“2014中国电子银行联合宣传年”。这次的联合宣传年以“指尖金融 创意无限”为主题，紧抓移动金融发展大趋势，促进电子银行快速发展。也就是说，今年CFCA

会大力推进中国电子银行网的建设，打造互联网金融门户，以满足不同客户群体的金融需求。这无疑是向我们透露了一种信息：互联网金融时代已经进入提速期，互联网金融门户的基础将会得到彻底夯实。

那么，互联网金融门户都有哪些特点呢，为什么会让用户如此重视？这也是很多人都关心的问题。我曾经对互联网金融门户的特点做过一个系统的划分，并将它们的特点分为以下三个方面。

1. 搜索方便快捷，匹配快速精准

“搜索+比价”的金融产品在线搜索方式，是互联网金融门户的核心技术，也是区别于传统金融的主要特征，它可以帮助客户通过对网络内容挖掘和网络结构挖掘，对海量金融产品信息进行甄别、筛选、确认，使客户对金融产品进行快速、精准地搜索比价，并根据自己的意向选择自己中意的金融产品或服务。它不仅可以让客户在短时间内就完成一系列复杂的甄选过程，还能大大提升准确率。

2. 注重用户体验

互联网金融门户之所以能在传统金融的强势围剿下仍屹立不倒，是因为它有着自己的核心竞争优势——顾客导向型战略。互联网金融门户是以用户为核心的，并真正做到了用户至上。它通过对市场进行细分来确定目标客户群，然后根据客户的特定需求提供相应的服务，并通过产品种类的扩充和营销手段的创新，提升客户在交易过程中的用户体验，更多地满足客户的各种不同需求。也正是因为这一点，互联网金融门户才赢得了人心，成就了自己。

3. 占据网络入口，凸显渠道价值

我一直把互联网金融门户的整个交易过程看成一个产业链，如图 2-1 所示。

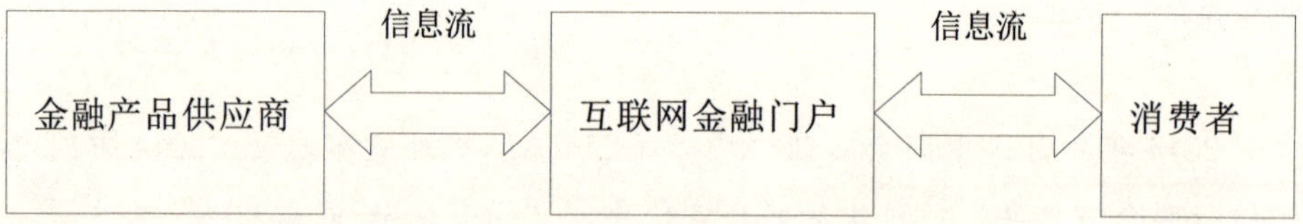

图 2-1 互联网金融门户产业链

从图 2-1 中我们可以看出，金融产品供应商处于上游位置，互联网金融门户处于中游位置，相当于桥梁或港口集散地，而消费者处于下游位置。也就是说，互联网金融门户是连接金融产品供应商和消费者的纽带，它在其中起着不可或缺的作用，缺少了它，金融产品供应商就无法和消费者达成任何协议。这就决定了互联网金融门户的渠道价值。

这三个方面的特点，奠定了互联网金融在市场中不可或缺的位置，也为其发展壮大提供了源源不断的续航能力，并且随着互联网金融热潮不断持续，互联网金融门户也将迎来快速发展的良好机遇。

P2P 网贷类门户

关于 P2P 网贷类门户，不少人都认为就是 P2P 网贷平台，关于这一点，我首先要声明一下，P2P 网贷类门户和 P2P 网贷平台有着本质的区别，前者的核心定位是P2P网贷行业的第三方资讯平台，是P2P行业的外围服务提供商，通过为投资人提供最新的行业信息，并为其搭建互动交流平台；而后者是一种“个人对个人”的直接信贷模式，是通过 P2P 公司搭建的第三方互联网平台进行资金借贷双方的匹配。关于后者，我会在第六章进行详细讲解。

P2P 网贷类门户仅仅聚焦 P2P 网贷行业，并不涉及银行等金融机构的传统信贷业务，所以其与传统信贷类门户也是有本质区别的。

如今，随着互联网金融的强势来袭，P2P 网贷类门户也成了 P2P 网贷投资者最为关注的门户网站之一，是借款者和理财投资者了解 P2P 网贷行业以及各家 P2P 网贷平台运营状况的窗口。

P2P 网贷类门户在运营模式上秉承的是公平、公正、公开的原则，对互联网金融信息资源进行汇总、整理。更为重要的是，P2P 网贷类门户的曝光台对存在倒闭及携款潜逃风险的 P2P 网贷平台起到一定的监督和风险预警作用，从而帮助理财投资者在一定程度上规避风险。

2012 年 6 月 5 日，仅上线两天的淘金贷遭到一位投资者发帖警示，三天后淘金贷负责人携款潜逃，网贷之家在当日得知消息后，立刻协助该投资人报警，并在犯罪嫌疑人被抓获前不间断地帮助投资者维权，最终帮助投资者成功追回了被骗资金。当然，淘金贷从此也被网贷之家拉入黑名单。

用户在P2P网贷类门户上可以搜索到大量的P2P网贷行业资讯、行业数据。同时P2P网贷类门户以客观中立的立场，通过门户上的员工对全国各地具备资质且运营状况良好的P2P网贷平台进行考察，如果符合相关要求，便会将其纳入P2P网贷类门户的导航栏中，为有贷款需求的客户提供相关信息参考，解决P2P网贷平台信息不对称的问题。

网贷之家是我国首家也是目前最大的第三方网贷资讯平台。它于2011年10月正式上线，其核心优势在于具备先发优势、数据优势、对客户精准需求的把握以及强大的行业协会资源整合能力等，正是这些优势使其稳坐国内P2P网贷类门户网站头把交椅的位置。

2013年5月10日，网贷之家联合国内多家P2P网贷平台，启动广东省现代金融信息服务行业协会筹备工作。该协会成立的目的是搭建行业内部交流平台，以促进该行业的健康发展，以及通过政企沟通来解决P2P网贷平台发展过程中所遇到的各种难题。

目前，网贷之家导航栏（如图2-2所示）中的P2P网贷平台数量已经达到数百家，这些平台都是经过网贷之家考察、审核后筛选出来的具备相关资质且信誉良好的P2P网贷平台。

网贷之家作为P2P网贷类门户的标杆，它有很多值得同行业学习的地方。网贷之家还从数据和社会征信角度出发，通过对P2P网贷平台运营以及市场反馈信息的搜集、整理和分析，不断完善P2P网贷平台征信体系建设，对其进行实时监控和风险预警，以降低由于P2P网贷平台携款潜逃、倒闭等事件造成的客户损失。

不少人都比较好奇第三方网贷类门户是如何营利的，其实它和传统资讯类网站的营利模式差不多，主要是通过广告联盟的方式来赚取利润。也就是说，它营利的核心是流量，只有网站的流量、访问量越大，点击率越高，吸引广告、

首页 导航 助手 数据 评级 档案 百科 网贷人

A B C D E F G H I J K L M N O P Q R S T U V W X Y Z

北京 (35)	人人贷	宜人贷	安心贷	合力贷	有利网	易通贷
	翼龙贷	财商通	酷贷网	速帮贷	广信贷	爱投资
	钱来钱网	信诚贷	融融网	粒粒贷	和信贷	鼎力投资网
	积木盒子	有人贷	速可贷	信用宝	e云贷	民信贷
	第一P2P	金融工场	花果金融	微金所	奇子贷	银客网
	债权交易网	一一贷	抱财网	普天贷	91旺财	
上海 (32)	拍拍贷	陆金所	证大e贷	畅贷网	热贷网	你我贷
	诺诺镑客	新新贷	互利网	点融网	雪山贷	合盘贷
	阳光民间借贷	普资华企	年享财富	国诚金融	互贷网	爱投金融
	正能贷	巨和理财	徽通财富	钱冠人人贷	投储在线	医界贷
	金银猫	永利宝	企易贷	财富宝	360金融	地方金融
	钱多多	融佳易贷				
广东 (96)	小企业E家	红岭创投	贷帮	E速贷	融资城	万惠投融
	团贷网	合拍在线	汇通易贷	人人聚财	盛融在线	工商贷
	通融易贷	信融财富	融信网	钱贷网	圈圈贷	美贷网
	煜隆创投	快速贷	融易贷	投哪网	盛世创投	银通贷
	融易融	在线贷	微金互助	集优贷	万家兄弟	山水聚宝
	融易投	中汇在线	融金所	友贷资本	好帮贷	泰麟资本
	金e贷	金海贷	钱爸爸网贷	日益创投	广富宝	小牛在线

图 2-2 网贷之家导航栏（部分）

门户日均访问量越多，越容易吸引企业投放广告，从而获取更多的利润。如果第三方资讯平台的访问量不高，那就意味着很难生存下去。

网贷之家在营利方面主要依托于收取广告费用的方式赚取利润。现阶段网贷之家日均独立IP访问量早已过万，且日均点击量是前者的数十倍，这充分证明了其用户黏性较强，也间接印证了网贷之家的信息量大，具有阅读价值，而这些都保障了网贷之家有着稳定可观的收入来源。

此外，还有一些P2P网贷类门户选择另辟蹊径，通过对P2P网贷平台进行培训及相关资讯服务的方式来实现营业收入。

如今，随着P2P网贷平台如雨后春笋般涌出，P2P网贷类门户也将迎来另一个高速发展的春天。在这个和风细雨的春天里，P2P网贷类门户更需要抓住机遇，在征信系统、行业数据、行业资讯、安全问题等方面夯实基础。如此，才能在P2P网贷类门户领域闯出一片天地。

信贷类门户

信贷类门户和 P2P 网贷类门户不同的是，其主要与银行及相关金融机构直接对接。目前，我国该类门户的核心业务形态主要以“搜索 + 比价”的方式为主，所以我将信贷类门户定位为信贷产品的垂直搜索平台。简单一点地说，就是将传统的线下贷款流程以及信贷产品信息搬移到线上，为传统信贷业务注入互联网基因，使其成为具有互联网金融产品的性质。

目前，我国的信贷类门户数量非常多，但其中也是龙鱼混杂，有好有坏。其中表现比较出色的有融 360、好贷网、安贷客等。这一节我就以融 360 为代表来进行讲解，毕竟融 360 在信贷类门户中的表现是出色的，也最有发言权。

融 360 于 2011 年 10 月成立于北京，紧接着又在上海以及天津等地设立了区域中心。融 360 在选择团队成员上非常规范，其团队成员都兼具了互联网以及金融领域的知识和背景，并且经验丰富，这就为融 360 今后的成功扫平了很多障碍。

此外，融 360 不管是在市场定位方面、产品类别方面还是运营模式方面都有着系统的规划和明晰的走向。比如说在市场定位方面，融 360 把自己放在中小微企业和个人贷款市场，将传统的线下贷款流程、信息搬移到网上，并致力于培养客户“贷款就上融 360”的习惯。

比如说在产品类别方面，融 360 会通过互联网技术帮助金融机构低成本、高效率地获取优质客户，让这些金融机构意识到融360是最佳的金融产品网络直销平台。这就网罗了大批来自国内各大银行以及小额贷款公司的金融产品。

再比如说在运营模式方面，有贷款需求的用户只需要登录融360网站，填写完相关信息，再单击搜索按钮就可以快速查询到适合自己的信贷产品，然后通过货比三家的方式，选择自己满意的金融机构申请贷款，如图2-3所示。这种运营模式可以极大地提升贷款人与放贷机构之间匹配的精准度。另外，融360还额外提供申办信用卡及信用卡贷款，这又在无形中提升了用户黏性。

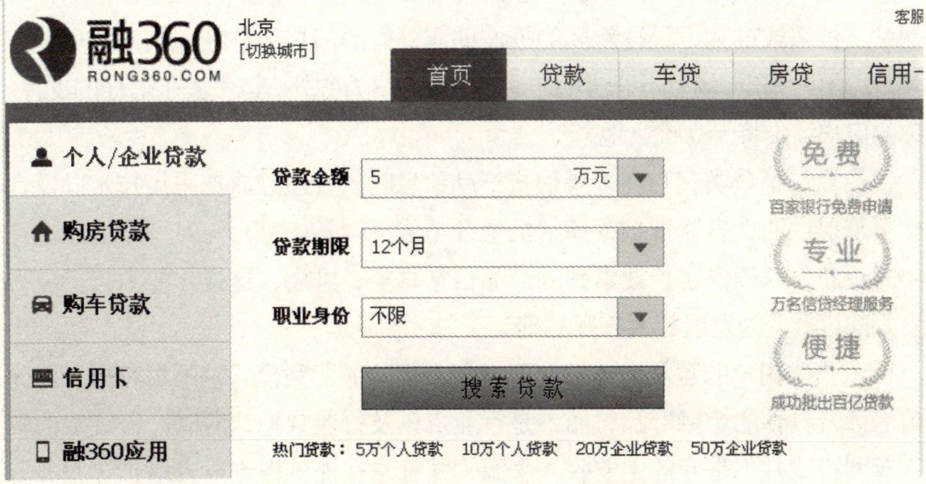

图2-3 用户在融360网页上的操作图

融360作为国内金融垂直搜索平台的典型代表，它集融资贷款及信用卡搜索、推荐与服务于一身，聚焦于中小微企业和个人贷款市场，是典型的顾客导向型企业。我在前面讲过的客户王涛贷款的事例就是最好的证明。

如今，融360凭借自己良好的口碑和过人的业绩赢得了众多投资机构的青睐。2012年3月，融360完成了A轮融资，包括由光速创投、KPCB（凯鹏华盈）以及清科集团投资的共700万美元的融资金额。2013年7月，融360又完成了B轮融资，包括由洪山中国基金领投，光速创投、KPCB（凯鹏华盈）以及清科集团跟投的共3 000万美元的融资金额。

我对融360进行过深入的研究，它所取得的成功，离不开其运营和销售团队前期大量的市场调研，也正是因为如此，才保障了门户所提供的产品完全以客户为导向，为中小微企业和个人客户免费提供便捷、安全的金融服务。

其他企业要想在信贷类门户取得和融360一样的成绩，就必须效仿这种做法，并且最好能够做到青出于蓝胜于蓝。因为所有用户最为看重的就是互联网金融的安全性和便捷性如何，如果在这些方面出现了负面事件，那对于门户的影响是致命的。比如说一旦出现了安全问题，用户的资金在你的门户网站上被盗或被骗，经过新闻的推波助澜，你的门户将会在顷刻间“臭名昭著”，给用户和市场留下恶劣的印象，即便你尽力弥补，但失去了信任的支撑，你的门户注定将无立锥之地。

所以，信贷类门户在采集信贷产品信息时，要通过数据采集技术以及合作渠道提供的信息监理数据库，汇聚各类信贷产品信息，并对产品信息进行实时更新，以确保客户搜索到的产品信息真实、可靠，这样才能为自己赢得良好的声誉，为发展壮大打好基础。

信贷类门户的营利模式和P2P网贷类门户的营利模式也不尽相同。因为前者涉及具体的金融产品，而不是行业资讯及行业数据，所以广告联盟的收入营利模式并不是它的主要收入来源，并且它在提供咨询或者培训等服务方面的收入也很少，毕竟这不是它的强项。

信贷类门户的主要收入来源是以推荐费和佣金为主。也就是说，其主要通过向金融机构推荐贷款客户，向各家机构收取相应的推荐费。不少信贷类门户通过这种方式所获取的收入占整个收入的80%。

而佣金收入是指客户在申请贷款的过程中，信贷类门户帮助其完成全部贷款流程，并在贷款成功后，根据贷款额度，向客户收取一定比例的费用作为服务费用，或者从贷款机构收取一定比例的费用作为返佣，也可以向双方都收取一定的费用。

虽然我国的信贷类门户发展状况还不错，但我认为还有很长的路要走。别看该门户已经将线下信贷产品业务流程搬移到线上，初步实现了信贷业务流程互联网化，但由于信贷产品的复杂性和本身具有的风险性，还使其仍然以 O2O 模式为主，即线下调查、线上购买的模式，而距离线上自主式购买还有很多难关需要跨越。这也决定了信贷类门户在今后蹒跚前行的艰难状态。

保险类门户

保险类门户在如今的生活中已经越来越流行，并被越来越多的年轻人和时尚人士所接受。不少有过在网上购买保险经历的人一致声称保险类门户给了他们网上购买保险时货比三家的机会，并且节省了大量的时间。仅这两个特性，就足以让保险类门户未来的前景充满乐观。

在学习了 P2P 网贷门户和信贷类门户后，对于保险类门户的运营模式就更好理解了。保险类门户对各家保险公司的产品信息进行汇总，并为客户和保险公司提供一个供需双方可以进行交易的平台。当然这还不够，还需要为客户提供诸如综合型保障方案评估与设计等专业性服务，以确保在以服务营销为主的保险市场中，依靠更好的增值服务争取到更多的客户资源。

简单一点地说，就是不仅要给客户和保险公司提供交易平台，还要给双方提供良好的服务，以此达到提升客户黏性和奠定自己良好口碑的目的。这就是其主要运营模式。

对于保险类门户不同的核心定位，我将其分为两类：一类是聚焦于保险产品的垂直搜索平台，利用云计算、大数据等技术快速、精准地为客户提供产品信息，从而有效解决传统保险市场中信息不对称的问题；另一类是保险类门户定位于在线金融超市，充当网络保险经纪人的角色，为客户提供简单的保险产品在线选购、保费计算以及综合型保障方案等专业性服务。

如果按照业务模式划分的话，目前我国的保险类门户主要以 O2O 模式、

B2C 模式以及 O2O 和 B2C 相结合经营模式三种。

慧择网（如图 2-4 所示）是我国保险类门户中 B2C 模式的典型代表，其本质是在线金融超市，它不同于平安保险公司的网络直销平台，它将挑选好的各家保险公司的产品放在网络平台上，让客户自己选择（如图 2-5 所示），这种模式和聚优美的垂直类电子商务平台非常相似。客户只要通过对不同保险产品的价格、内容等详细信息进行比对，逐步进行筛选、淘汰，就可以选出适合自身需要的保险产品。

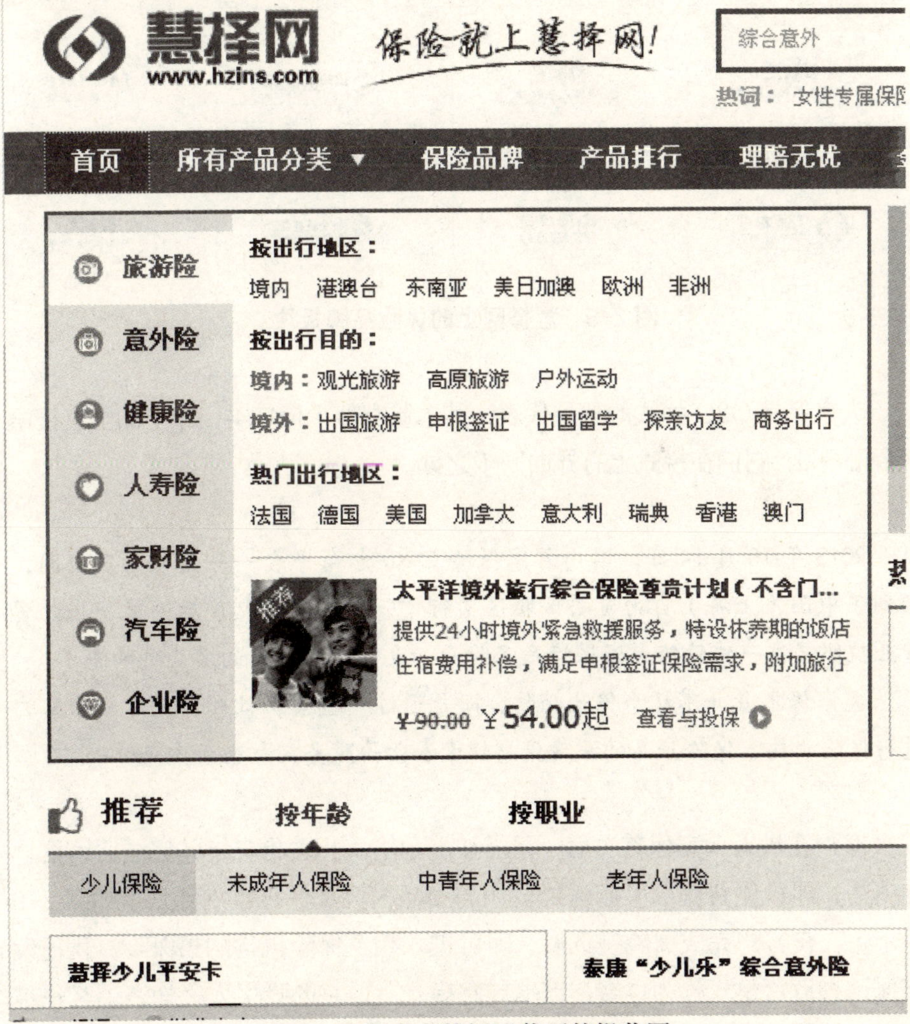

图 2-4 用户在慧择网首页的操作图

图 2-5 慧择网上的保险品牌板块

大家保是 O2O 模式的典型代表，其本质类似于信贷类门户中的垂直搜索平台融 360，它们在模式上有异曲同工之处。

2013 年 10 月 14 日，国内首家保险 O2O 电商平台——大家保保险网，领到了中国（上海）自由贸易试验区实行“一口受理”制度后的第一张外资营业执照。这一殊荣给大家保挣足了脸面，也让其在业内的名头更响亮了。

大家保本身并不从事保险销售，而是通过“搜索 + 比价”的方式为客户进行保险机构、保险产品的深度信息搜索和比价服务，相当于中介。

客户在进入大家保首页后，只需按提示输入相关信息，并完成后续信息的填写，即可免费获取五家保险公司的产品报价及保险定制计划（如图 2-6 所示）。在客户完成保险挑选后，即可进入相关保险机构购买保险。我把大家保这种运营模式称为“客户需求导向模式”，它的吸引人之处在于客户足不出户就可以收集到为自己量身定制的保险计划，在详细对比了保障内容和价格差异后，还可以轻松约见相中的保险经纪人，以得到更周到的服务。并且，整个选购过程中价格公开透明，服务质量也能得到良好保障（如图2-7所示）。

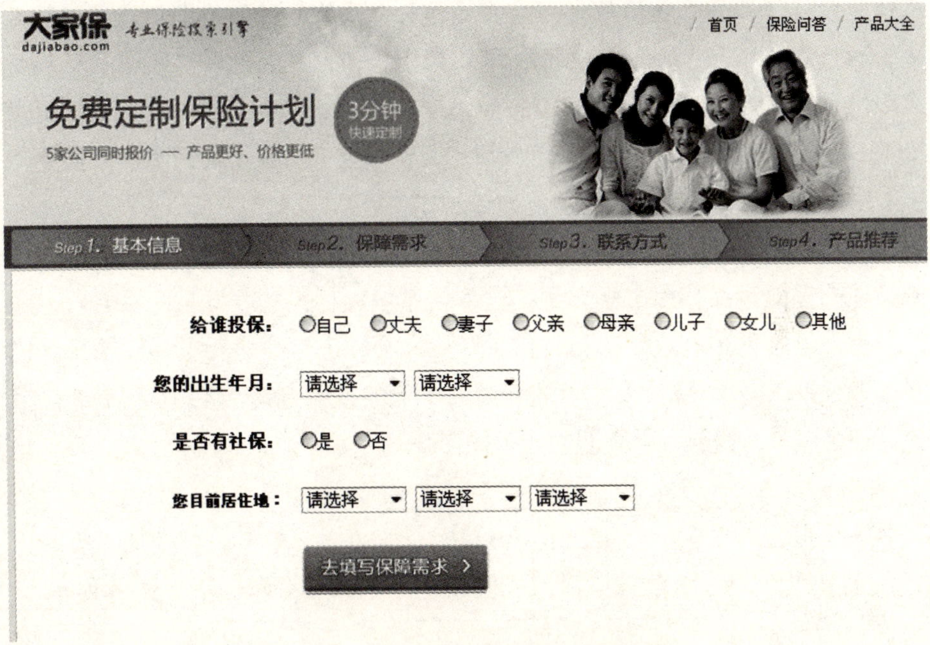

图 2-6　用户在大家保首页的操作图

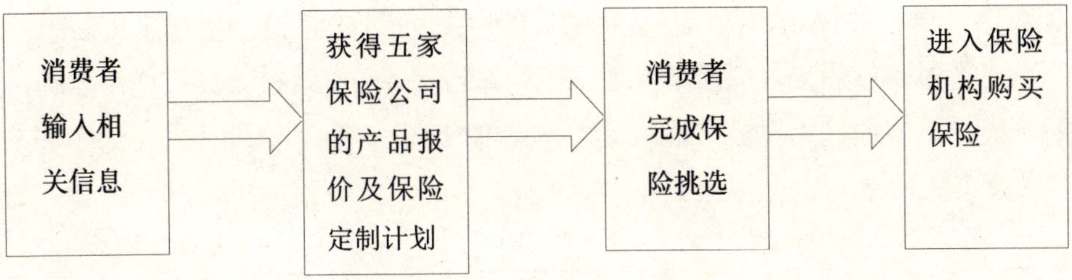

图 2-7　大家保在线选购流程

虽然我国保险类门户众多，但只有大童网是唯一一家兼具 O2O 和 B2C 模式的保险产品电子商务平台。也就是说，大童网具备了慧择网和大家保两者的所有特性，它的功能要比前两者更加全面，涵盖范围也更加广泛。

大童网成立得比较早，2008年就已经正式上线了。它将自己的业务范围定位于专业性的网络保险超市，经营范围包含寿险、财险的中介业务以及其他金融产品的销售业务。大童网成立之后，依据自身强大的信息技术和产品采购能力以及专业的后援运营支持平台，吸引了近50家保险机构入驻，汇聚了1 000多种的金融保险产品，是我国规模最大、品种最全的网上保险超市。

大童网的O2O模式主要用于预约现场服务的产品流程，首先是客户选择具体的保险产品，单击立即预约进入信息填写栏，然后填写联系方式，预约下单，等理财顾问收到“相关信息”后，会致电客户进行电话回访，帮助客户进行投保需求分析，为客户提供量身定制的投保方案，客户觉得满意后，便可签署保单，保险合同立即生效（如图2-8所示）。

图2-8　预约现场服务流程

大童网的B2C模式主要用于在线投保的产品流程，首先是客户通过保险计算器计算相关保费，接着单击“立即购买”进入信息栏，填写真实信息。当信息通过审核后，客户预览自动生成的保险订单，确认投保信息是否准确，确认购买后，通过网银进行在线支付。支付成功后，保单立即生效（如图2-9所示）。

图2-9　在线直接投保流程

关于保险类门户的营利模式，我总结了一下，主要有三种：第一种是客户完成投保后所收取的手续费；第二种是依托保险类门户规模大、种类全、流量多等优势，通过广告联盟的方式收取广告费用；第三种是向保险机构或保险代理人提供客户信息和投保意向，从中收取佣金。

总之，保险类门户为客户提供了一种全新的保险选购方式，并全面实现了保险业务流程的网络化。那些以前在线下的服务，如今在线上都可以找到，比如保险信息咨询，保险计划书设计、投保、核保、保费计算、缴费、续期缴费等，并且比传统的购买方式还要便捷得多。

理财类门户

说起理财，相信所有人都会感兴趣，毕竟“你不理财，财不理你”已经成为互联网金融时代的口头禅和流行语。但是要想对互联网金融时代的理财方式有一个深刻的理解，就必须先了解理财类门户，因为理财类门户是对互联网金融理财渠道的聚焦。

理财类门户作为独立的第三方理财机构，可以客观地分析客户理财需求，为其推荐相关理财产品，并提供综合型的理财规划服务。从本质上来说，它与我们前面讲的信贷类门户、保险类门户的定位大同小异，只是在聚焦的产品类别上有所差别。

理财类门户的本质依然分为垂直搜索平台以及在线金融超市两大类，并依托于“搜索 + 比价”的核心模式为客户提供货币基金、信托、私募股权基金等理财产品的投资理财服务。此外，有些理财类门户还搜集了大量的费率信息，以帮助客户降低日常开支。

理财类门户作为独立的第三方理财机构，在运营模式上，它并不参与资金交易。它的运作原理是，一方面结合国内外宏观经济形势的变化，依托云计算技术，通过合作机构等供应渠道汇集了大量注入基金、信托、私募股权等各类理财产品，并对这些理财产品进行深度分析，然后把甄选出的优质理财产品提供给客户搜索比价；另一方面，理财类门户通过分析客户当前的理财需求和财务状况，如投资偏好、资产状况、财富目标等，根据其自身情况为用户定制财富管理策略，以帮助客户达到规避风险、实现收益的目的。

存折网是我国第一家面向个人理财的垂直搜索平台，它为客户提供货币基金、P2P 理财以及银行理财产品的深度搜索。其业务模式是典型的 O2O 模式，客户只需根据自己的意愿，选定币种、金额、期限以及发行机构，即可搜索到符合条件的理财产品列表，然后通过比较各种理财产品的收益类型、年化收益率、发行机构、理财周期等关键信息，选择符合自我意愿的理财产品。

客户选定理财产品后，只需在理财产品销售截止日前到发行机构预订购买即可。整个流程可以大大缩短客户搜索、搜寻产品的时间，有效降低交易成本（如图 2-10 所示）。

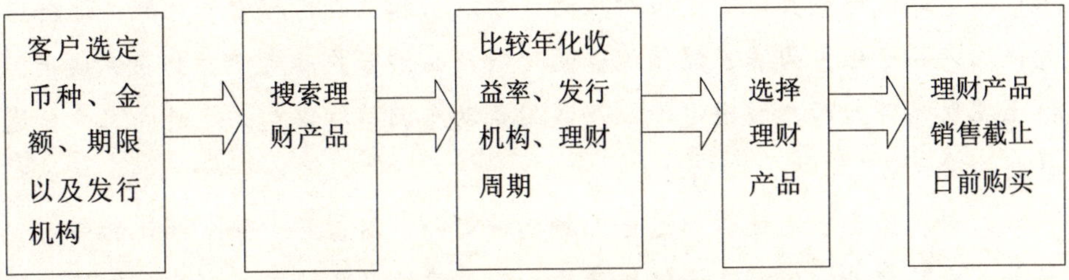

图 2-10　存折网在线理财产品购买流程

存折网是理财产品推荐方面的典型门户代表，而以帮助客户节省日常开销的典型门户代表是国外的 LowerMyBills（降低我的账单）。

LowerMyBills 门户网站目前已经发展成为一家致力于为客户提供各种费率比较，以帮助客户节约生活成本的一站式免费线上网站。它的主要业务包括家庭贷款、信用卡、车辆及健康保险以及远程服务和无限服务，它的最大特色就是涵盖了 500 多家不同种类的服务提供商来匹配客户需求。用户只要打开 LowerMyBills 门户网站，就可以进行搜索、比较不同产品或服务的价格以及相关费率，在质量相同的前提下，选择出费率最低的产品或服务，从而节省自己的各种日常支出。

LowerMyBills门户网站是对诸如存折网这种一般性的理财类门户的细化，它的服务更细腻、深入，也更容易获得客户的青睐。我国目前好像还没有这方面的门户，这也可以说是一项空白。不过随着我国理财类门户的发展日臻成熟，我相信这一空白很快就会得到填补。

我国比较有影响力和知名度的理财类门户是格上理财。格上理财成立于2007年11月，作为独立的第三方理财机构，其本质是理财产品的在线金融超市，业务范围包含信托、阳光私募基金、私募股权基金等理财产品的在线导购以及相关的投资咨询服务。

格上理财在运营模式上也比较具有代表性，它不仅帮助客户从众多的理财产品中甄选出最具投资价值的理财产品以供客户进行搜索和比较，还会通过优选产品专栏，为客户提供优选的理财产品供客户参考。当交易完成后，格上理财还会为客户做出追加以及赎回等动态调整建议，并及时向客户传送最新的投资动态。

此外，格上理财还会通过专业顾问一对一、财富学堂等个性化的一对一服务，为客户讲授如何选择信托产品、购买信托产品的流程以及如何签订信托合同等相关知识，充分发扬了“授人以鱼不如授人以渔”的职业精神。

格上理财正是靠着这种优质的一站式服务，使客户了解了相关理财产品的投资门槛、运作方式以及风险控制等详细的专业知识，有效降低了客户与传统理财机构之间的信息不对称，为其选购适合自身需求的理财产品奠定了良好的基础。

说到理财类门户的营利模式，同样比较单一，除了通过广告联盟的方式收取广告费用外，理财类门户还通过给理财产品供应商提供用户量和交易量，以收取相应的推荐费。但不管是广告费还是推荐费，都是建立在流量的基础上。流量越大，获取的收益越丰厚；流量越小，获取的收益就越微薄，甚至难以生存。因此其营利模式的关键在于流量。

此外，除了传统的PC端门户网站，理财类门户还开拓了移动端市场，涌现了一批手机理财类软件，比如最近挺火的理财产品交易平台铜板街、记账理财 APP 挖财以及存折网客户端等。移动端理财 APP 的出现，不仅可以使客户能够随时随地查询和购买理财产品，还可以使理财类门户发挥自身的渠道优势，为自己积累更庞大、更优质的客户资源。因为互联网金融时代，更是移动互联网金融时代，谁掌握了移动端，谁就掌握了市场主导权和话语权。

第三章

大数据金融：无数据，不金融

“无数据，不金融”，这个对仗工整的短语如今已经成为互联网金融时代的流行语。互联网金融的核心就是依靠大数据金融来锻造竞争力，互联网金融之所以不畏惧强势的传统金融，就是因为无所不能的大数据金融给其提供了底气。互联网金融时代，是一个大数据和技术为王的时代，一切不懂得运用大数据金融原理的企业，不管是互联网行业还是传统行业，都要被淘汰、颠覆，甚至是毁灭。

什么是大数据金融

有一次和客户交谈，谈话间客户问我到底什么是大数据，什么是大数据金融，为什么最近在网络上随处可见大数据和大数据金融之类的关键词？我并没有直接回答他的问题，而是反问他：“你认为什么是大数据？”他说他所理解的大数据就是数额非常大的数字，大数据金融就是巨量资金。

其实这位客户的回答非常有代表性，因为很多人都是这样理解大数据和大数据金融的。这也间接证明了现在很多人的思想依然不能紧随互联网金融时代的步伐和互联网金融知识的浅薄。在移动互联网时代，对大数据和大数据金融的理解以及对其运作原理的掌握是至关重要的，因为它们不仅能够开启和强化我们的互联网思维，还能帮助我们在互联网金融的浪潮中运用新经济思维去创业或投资。

首先我们来看看到底什么是大数据。大数据不是我们传统意义上的数额很大的数字，它是指数量巨大、结构复杂、类型众多的数据构成的数据集合，无法在一定时间内用常规软件工具对其内容进行抓取、管理和处理。也就是说，大数据的真实结构要比我们想象得复杂得多。

一般来说，大数据具有四个基本特征，即业内人士常说的 4V。

Volume：数量巨大，经常达到 TB（1TB=1 024 GB，一台电脑的容量是 500 GB）、PB（1PB=1 024 TB）乃至 EB（1EB=1 024 TB）的数量级。体量巨大意味着对于大数据进行存储和处理需要消耗大量的空间和时间。我在一本专门介绍大数据的书上看到这样一句话："截至 2012 年，人类生产的所有印刷材料的数据量是 200 PB，全人类历史上有过的所有话的数据量大约是 5 EB。"由此可见，大数据在体量上有多么惊人。

Velocity Variety：多样化。数据类型多，不同的来源、不同的结构、不同的层次，时效性差异非常大。多样化意味着大数据处理的手段异常复杂，难度极高。

Velocity Variety：变化快。我们正生活在一个信息大爆炸的时代，这必然导致数据大爆炸，因为任何信息中都包含一定的数据。所以，当下的数据无论是在产生还是变化方面都以一种非常快的速度进行着。这就要求处理大数据的速度也要快，否则旧的数据还未处理完，新的数据又产生了，这样就无法全面挖掘数据的真实价值。

Veracity：价值密度低。这点不太好理解，很多人都不知道到底是什么意思。价值密度低是说每个单独的数据看起来是没有什么价值的，也就是说分散的、不集中的数据价值微乎其微。但如果把这些单独的数据整合在一起，积点成面的话，就能凸显出巨大的价值。

总而言之，大数据是基于云计算的数据处理与应用模式，通过数据的整合共享，交叉复用，形成的智力资源和知识服务能力。而它的商业价值，也正体现于此。

风靡世界的美剧《纸牌屋》的火爆程度可谓超出众人的想象，它的成功成为很多人热议的话题。美国总统奥巴马在接见谷歌、推特和苹果公司高管时，对 Netflix（奈飞）的首席执行长官里德·黑斯廷斯说："我想知道你是否带来了《纸牌屋》的样片？"国务院副总理、第十八届中央纪委委员王岐山也曾多次向纪检干部们提到《纸牌屋》；著名演员张国立则也在 2014 年的"两会"期间自曝在追美剧《纸牌屋》。

此外，我和我身边的同事也都非常喜欢看《纸牌屋》，那段时间茶余饭后的话题都是谈论《纸牌屋》的相关桥段。

《纸牌屋》的成功绝非偶然，而大数据无疑是《纸牌屋》成功的助推手。该剧的制作方是 Netflix（奈飞），它不仅是美国最大的商业视频网站，也是一个大数据运营商。它每天采集海量的用户数据，不仅包括人们喜欢看什么类型的视频、在哪看、用什么设备看，还包括你何时快进、何时暂停、是否看完整部影片等。

正是因为有了大数据分析这种威力巨大的武器，Netflix才敢斥巨资推出《纸牌屋》。因为它在推出《纸牌屋》前，已经根据大数据提供的信息准确窥探到了观众的胃口。

关于大数据，全球著名的咨询公司麦肯锡咨询公司最早提出这一说法，并做出论断："数据，已经渗透到当今每一个行业和业务职能领域，成为重要的生产因素。人们对于海量数据的挖掘和运用，预示着新一波生产率增长和消费者盈余浪潮的到来。"

当时代进入互联网金融时代和移动互联网时代后，大数据的重要性就显得更加重要。可喜的是，大数据的重要性已经被高度认识，并上升到国家层面。

2013年3月22日，美国政府宣布将在大数据相关产业方面投入2亿美元，用以拉动美国的经济发展，这就意味着奥巴马政府已经将"大数据战略"上升到了国家层面。

美国政府为何如此大手笔地投入？从其对大数据的定义——"未来的新石油"中，不难看出答案所在。同时，奥巴马政府还表示一个国家拥有数据的规模、活性及解释运用的能力将成为综合国力的重要组成部分，未来，对数据的占有和控制甚至将成为陆权、海权、空权之外的另一种国家核心资产。

而我国也不甘人后，在2014年的"两会"上，大数据、互联网金融也被第一次写入政府报告，可谓史无前例。这也意味着以大数据为主导的互联网金融正式获得政府的支持和肯定。

"十年寒窗无人问，一举成名天下知。"大数据被写入政府报告，立马成为网络上和互联网金融同样火爆的热词。

下面我们再来看看大数据金融。当金融和大数据结合起来时，大数据金融就形成了。大数据金融，是指将大数据与传统金融服务、互联网金融服务相结合，创新性地开展相关资金融通工作的统称。

大数据对于金融的作用至关重要，前者就相当于一双翅膀，能帮助后者腾飞。一般来讲，任何与金融有关的决策都离不开数据的支持，这就决定了大数据金融的本质。金融的本质是资金融通，而有了大数据金融，就已将资金置于大数据的平台上，从而轻易地扩展了金融的外延，增加了金融的维度，使资金融通成为一件简单易行的事情。

大数据金融与我们生活中的很多事物都息息相关。保险公司给我们出具的各种保费，都是根据无数的数据演算而来的。比如说我们购买的人身健康保险，保险公司在进行保单定价前，会通过对人出现疾病因子的特征，比如年龄、性别、健康状态、职业环境等进行描绘和分析，找到相关因子，然后根据与这些因子近似的人的健康状况进行总体抽样，寻找到总体的近似分布规律后再推断个体的出险分布，然后进行保单定价，以此来保证自己的盈利水平。这就是大数据和金融之间的关系。

我之所以对大数据金融情有独钟，是因为它是一种绝对意义上的金融创新，有了它，互联网金融市场就有了顽强生存下去的土壤，也有了开疆拓土的实力。因为在当下这个高速发展、竞争近乎惨烈的时代，数据是一切行业决定胜负的根本因素。

中国的金融环境如果想和世界接轨，就必须通过走一条新金融之路来实现弯道超车，而大数据金融无疑是最好的新金融之路。有了大数据金融的支持，无论是传统金融还是互联网金融，都会爆发出无限的生命激情和战斗力。尤其是互联网金融。我曾经对很多互联网企业的高管说过：“互联网金融其实只是大数据金融的一种展现或形态。”也就是说，前者是表，后者是里，后者才是核心和本质。

在互联网金融领域，无论是第三方支付、P2P 网贷、众筹融资还是互联网保险等，都和大数据金融有着密不可分的关系。大家可以试想一下，如果没有大数据，互联网企业如何在第一时间找到自己的目标客户？如果没有大数据，互联网企业的信用实时评级该如何完成？如果没有大数据，互联网企业如何计算产品的市场空间有多大？答案很明显，没有大数据做支撑的互联网金融根本无法运转。

所以说，任何企业，要想在互联网金融领域分食蛋糕，就必须重视大数据金融。如此，才能实现精准定位，准确出击，切中要害，赢得市场。凡是不懂得运用大数据金融、缺乏收集数据的渠道、数据整合分析能力低下的企业，就形同一只引颈就戮的羔羊，总有一天会被竞争对手高高扬起的大刀无情杀掉。

蚕食传统银行信用卡业务的京东白条

2014年2月，“京东白条”一下子成了互联网上最热的词汇，一时间众多网民的注意力都集中到了京东商城上，茶余饭后谈论的话题都是京东白条。

京东白条是指京东用户在京东购物时，可以凭借白条先消费，后付款，并且透支额度可以达到1.5万元。每一个想消费但暂时又没有资金的京东用户，可以通过京东推出的测试申请白条，测试通过后就可以凭借取得的白条进行透支消费，且有30天免息期，如果一时间无法偿还清的话，还可以在随后的3～12个月内进行分期还款，还清即可。京东并特地声明，申请和授信过程可在1分钟内完成。

京东白条的推出，是继2013年年底京东正式上线名为“京保贝”的3分钟融资到账业务后的又一个大动作。但是大家在对京东白条进行热议的同时，也有很多人在问：“京东到底如何确认用户资质，又如何能在1分钟内完成申请和授信过程？”这确实是个值得深思的问题。

或许有些读者已经想到大数据了，没错，京东白条这种金融服务也是依靠大数据来完成的。什么样资质的用户可以获得1.5万元的最高额度？京东平台会根据这些用户平时在京东商城的消费记录、配送信息、退货信息、购物评价等数据来决定其风险评级，风险等级越低的，获得白条资质的可能性就越高。当然，用户的恶意订单、退换货记录等都会影响自己的信用等级和授信结果。

京东平台在对用户进行授信的过程中，会利用自己的数据库对大数据进行挖掘和分析，并在瞬间完成对所需信息的抓取，这就是京东声明可以在1分钟内完成申请和授信过程的底气所在。这一原理和阿里云的运行原理是一样的。

在京东白条推出后，我也试着申请了一下，但由于自己不经常在京东上买东西，所以在授信过程直接被筛了下来。我的一个同事经常在京东上买东西，他说他2013年在京东上的开销有28 000多元，可谓是忠实的京东粉丝。他在申请京东白条时，一下子就通过了，并且得到了12 400元的透支额度，可谓是让他惊喜异常，他高兴地对我说："以后再也不用担心信用卡被刷爆啦！"

京东白条还款分为两种形式：一种是30天免息延后付款；另一种是3～12个月分期付款。分期付款的手续费为每期0.5%。即3期手续费为0.5%×3=1.5%，6期为3%，12期手续费为6%。与京东合作的招商银行分期付款其3期、6期、12期的手续费分别是3%、4.2%和6%。不过，京东白条在推广期间手续费打6折为0.3%。逾期未还的用户将向京东支付违约金，费率在每日0.3%，在免息到期日之前，京东会通过短信、邮件等各种方式提醒用户还款。同时，用户信用记录、逾期记录，京东也有条件地计入央行信用系统。

其实，京东白条就是一种虚拟信用卡，但它只是服务自己平台上的优质客户。虽然京东的高层人士强调说京东白条不是虚拟信用卡，而是京东的一项赊销的业务。当然，京东白条到底是什么并不重要，重要的是它对传统银行信用卡业务带来的冲击却是实实在在的。

据我所知，银行信用卡收入占到了银行全部中间业务收入的50%以上。这也是传统银行如芒在背的原因所在。一旦信用卡业务阵地失守，对于银行来说就是万劫不复。并且这种结果绝非不可能发生。

大家不妨试想一下，当你在1分钟内就可以在线实时完成申请和授信过程，免费得到一张虚拟的信用卡，所要偿还的利息也比银行信用卡低得多，且京东商城商品种类繁多，任何你需要的商品基本上都可以在网上实现交易。在这种情况下，你还会大费周折地去银行申办信用卡吗？肯定不会，这种无实物卡的虚拟信用卡对用户来说更加便利、快捷。

加之京东作为我国电子商务领域广受消费者欢迎和极具影响力的电子商务网站之一，1.2亿的注册用户数量所产生的影响力绝不可小觑，不知道有多少人使用着银行信用卡在京东商城买东西。尤其是那些京东商城的绝对拥趸，对他们来说，有了京东白条，完全没有必要再用银行卡了，这对于银行的信用卡业务不能不说是一种打击。

时至今日，京东白条的首轮公测开放的50万个白条名额已经成功推出，并取得了不错的反响。同时为了完善产品功能和用户体验，京东白条又新增了不少功能：引入保险公司全额保障用户资金安全，最长分期期数从12个月延长至24个月，增加到期前短信提醒次数，多笔到期付款可合并一键支付，支持“京东白条”付款的银行增加到20多家。

这种发展形势是令人振奋的，虽然京东白条是京东商城在互联网金融领域的第一次试水，也是一种互联网金融的创新事物，但它并没有折戟沉沙，这就是一种巨大的成功。毕竟对于新生事物来说，要想在巨头林立、传统势力占据绝对主导地位的市场环境中取得成功，可谓异常艰难。所以，从京东白条所取得的成绩来看，它是具有市场空间和生命力的。

我在和一些人谈论京东白条时说过：“京东白条就像一把星星之火，虽然目前看起来还不起眼，但假以时日，这把火就会烧成冲天大火，绝对可以燎原。”在这个互联网金融风靡世界的时代，任何有创意的新金融都会在第一时间引起跟风效仿，如果有人说京东还无法发挥出巨大的冲击传统信用卡业务的作用，那么苏宁、淘宝、当当、凡客、拍拍、亚马逊这些电商巨头都加入到这个战局中，纷纷利用自己平台上的大数据推出类似“京东白条”的金融服务时，你能说这种冲击传统银行信用卡业务的力量不够强大吗？

不要说其他电商不一定会效仿，其实只要具备大数据分析能力的电商，都不会错过这个效仿的机会。不信的话，我们来看看京东白条能够发挥的作用。

京东白条一经推出，不仅可以提高京东的关注度，还可以网罗更多的用户在京东消费，同时借助这些粉丝的力量，大大提升自己的销售额，进而引得更多的商家进驻。更重要的是，这一举措还能大大提升目前正筹备上市的京东的估值。可谓一举多得。

种种理由证明，京东白条是非常有价值的，这也是京东商城愿意花费大力气推广的原因。所以，京东白条这种互联网金融创新产品的问世，标志着互联网金融向金融信用资产领域又迈进了一大步，吹响了互联网金融攻破传统金融银行信用资产业务地盘的集结号和冲锋号。它像一把锋利的匕首，直插传统银行主体业务的心脏。这是一个重要的里程碑。

此外，随着腾讯在 2014 年入股京东和京东即将上市成功，京东商城的实力将会大大增加，京东白条的影响力也会得到进一步扩大。我相信在不久的将来，京东白条在互联网金融领域的进攻势头会更加迅猛。如果传统银行还找不到反击的办法，那么在信用卡业务这一领域的“蛋糕”将会被京东瓜分掉。

京东的供应链金融

本来打算针对京东的内容只讲一个京东白条就行了，但由于京东的供应链金融在互联网金融时代中非常具有代表性，所以我觉得还是有必要让大家了解一下。

大数据金融运营模式有两种：一种是平台金融模式，这种模式典型的代表是阿里小贷。关于阿里小贷的内容我会在第五章进行详解。另一种模式就是供应链金融模式，这种模式是指供应链管理的参与者作为重要组织者，对供应链金融资源进行整合，为供应链的其他参与方的资金提供渠道的一种融资方式，能够通过整合资金、资源、物流等活动提高整个供应链的资金运用效率。

供应链金融的具体产品主要有两种：一种是第三方金融机构对供应商的信贷产品；另一种是购买商的信贷产品。这种模式作为一种创新模式，不仅可以满足企业的短期资金需求，促进整条产业链的有序、协调发展。还可以通过引入核心企业对资金需求企业以及产业链进行风险评估，扩大市场服务范围。可谓是一举两得。

京东无疑是最青睐这种大数据运营模式，同时也是运营得最成功的电商。所以，京东的供应链金融是这种运营模式的最佳代表。

2012年11月，京东商城与中国银行北京分行签署战略合作协议，上线

京东供应链金融服务平台，双方将向京东的合作供应商提供金融服务。至此，京东的供应链金融帝国形成。

京东的金融服务主要包括 B2B 和 B2C 两部分。B2B 部分对供应商提供融资和投资服务。融资包括订单融资、入库单融资、应收账款融资、委托贷款融资；投资包括协同投资信托计划、资产包转移计划等。在融资过程中京东扮演的是供应商与银行之间的授信角色，而资金的发放由银行完成，京东并不参与资金发放；B2C 方面，京东计划面向普通用户推出金融服务通道，包括面向普通消费者的保险、理财、黄金、信用交易等。

京东供应链金融服务可谓是给京东的发展增添了无限的活力，因为它不仅可以解决各供应商因为账期而到导致的资金流转问题，还可以通过做供应链金融服务从中赚取利息，在缓解自身资金压力的同时获得收益。更重要的是有利于提升京东营收和加深自己和供应商之间的关系，为买家提供全方位的服务，以及吸纳上游客户，壮大自身。

或许大家还不是特别清楚京东的供应链金融到底是如何运营的，我给大家举例说明一下。

学员欧阳剑先生是一家手机制造厂的经理，他和京东商城签订了合作协议在京东商城销售自己的手机。也就是说，他是京东商城的供应商。一天，他向京东提供了 3 000 台手机，价值 350 万元，按照他和京东商城签订相关协议的规定，京东在收到货后 45 天内才会通过银行向其支付货款，也就是说，欧阳剑先生的这批货品资金会被京东占压 45 天。在这 45 天内，欧阳剑先生需要自己承担资金紧张的压力。

但如果欧阳剑先生资金压力过大，如果一时周转不过来就会影响到整个厂子的运营状况，这时候就可以通过京东的供应链金融从银行申请贷款。欧阳剑先生可以依据京东供应链金融中的“应收账款融资”计划，根据与京东签署的销售合同、货物单据、应收账款以及京东的确认文件，在第三方保险机构投保之后，获得与京东有合作关系的银行的部分贷款（比如 300 万元）。而这一过程只需要花费 3 ~ 5 个工作日，欧阳剑先生获得贷款后，就可以进行下一轮资金的周转。等 45 天的账期到期后，京东会将货款付给银行。

我们从这个过程中可以看出，如果没有京东扮演的担保角色，欧阳剑先生只能单独找银行融资，并且还需要给银行提供抵押物。但即便这样，欧阳剑先生恐怕也很难从银行贷到款。因为贷款难是如今社会的一种普遍现象，尤其是对小微企业或个人来说，更是难上加难。

也有人向我提问，银行为什么要和京东合作啊？银行又不缺钱。没错，银行是不缺钱，但是它缺市场、缺数据。尤其是在互联网金融大行其道的当下，银行必须主动出击，参与进金融市场中，不然的话就会被边缘化。所以这个时候电商和银行合作就是最好的选择。电商可以从合作中提升平台上的客户黏性和忠诚度，银行可以从合作中批量导入新客户，降低客户开发成本，亦可有效控制风险，此外还能从中赚取利息，何乐而不为呢？所以说，这是一种三方共赢的策略。

京东之所以能够将这种模式运营成功，是因为它有自己的大数据支持。因为京东平台可以 24 小时全方位地掌握其上下游企业的信用状况、物流状况、发货记录以及相应的企业信息，而这些数据信息是京东为供货商进行信用评级的根本依据，如果没有这些数据信息，京东就无法确定哪些供货商值得自己为其提供担保服务。因此从这个层面上说，京东的数据信息本身就是一种巨大的资源财富，是其提供供应链金融服务的根基。有了大数据分析，才保证了三方共赢的局面得以实现。

如今，供应链金融因为其便捷、简单、易行的特性逐渐成为大数据金融运营模式的主流。它不仅被众多单一性质的企业青睐，也让众多大集团企业情有独钟，不少大集团企业都开始试水供应链金融，试图将其打造成集团的新鲜血液。据我所知的就有华润银行、工行、兴业、光大、民生等多家银行在供应链金融领域持续发力，分食这一领域的“蛋糕”。

随着京东试水的成功，未来也会有越来越多的电商通过自己平台掌握的大数据和银行进行合作。供应链金融的模式越流行，就越能推动大数据金融的发展，为社会进步、企业发展注入无限的活力。

供应链金融作为一种金融创新，它符合了互联网金融的特性，这也注定了它无限美好的未来。如果在将来的某一天你发现供应链金融模式遍地开花，你无须感到惊讶，因为这是大数据金融主导下的一种必然。

大数据分析 3.0 时代，行业大数据分析领域战役打响

随着互联网金融这股野火越烧越猛，大有席卷天下的气势，大数据金融也开始飞速发展，2012 年年底就已经有了开始从起步阶段的 1.0 时代往 2.0 时代跳跃的趋势了。很多人以为 2.0 时代将会持续一段时间，但没想到的是，2.0 时代只是一个过渡阶段，如今，大数据分析 3.0 时代早已开启。

马云曾经说过：“很多人一生输就输在对新生事物的看法上：第一，看不见；第二，看不起；第三，看不懂；第四，来不及。”刚开始的时候，我们看不见这些新生事物；当看见的时候，又看不起它；而看得起时又发现自己看不懂；当看懂了的时候，却发现已经迟了，自己想接受已经来不及了。马云这一理念，非常富有哲学思想，他精辟地向我们描述了大多数人面对新生事物时的心态和结局。

大数据分析作为一种新生事物，它同样适用于这一理念。如今，那些先知先觉的互联网巨头或精英企业，他们早已开始布局大数据领域，对他们来说，在互联网金融时代，大数据分析将会成为一种主流，谁占据了行业大数据分析领域的制高点，谁就可以实现“躺着也能赚钱”的目标。

我曾经和一位专门从事大数据研究的朋友深谈过，他对我说：“据我们的研究部门初步估算，未来中国大数据潜在市场规模突破 2 万亿元是非常容易的事情。”2 万亿元，这是一个多么庞大的数额，足以傲视全球。那些互联

网巨头和精英企业正是看中了这一蓝海，所以才迫不及待地箭上弦、弓张满，大举进军行业大数据领域，而这自然会导致行业大数据分析领域群雄逐鹿，硝烟四起。

2013 年 3 月 3 日，九次方金融数据终端产品正式上线，并在北京隆重举行了新闻发布会。九次方的核心产品九次方 JUSFOUN 投资及并购决策金融数据终端终于向大众公布。不要小看这个金融数据终端，它是我国第一个也是唯一的一级市场投资及并购决策金融数据终端。它的出现将改变一级市场金融信息终端的格局，成为一级市场金融信息行业的领军产品。

据我所知，该产品一经问世就产生了巨大的“九次方效应”，获得了很多企业的青睐。不仅众多投行对其抛出了橄榄枝，国内数百家顶级的 VC/PE 公司也对其产生了极大的兴趣。

为什么九次方的金融数据终端会如此受到欢迎和追捧？原因在于它是中国资本市场上唯一能够提供可操作性的拟上市企业 IPO 信息、并购、私募股权融资及其他各类需求信息的集成者，更重要的是还能从企业大数据分析的角度对有投资价值和并购价值的企业进行价值判断，持续跟踪企业动态变化。

据我所知，九次方金融数据终端可以精准查询到 5 000 个细分行业前 30 强的非上市公司及其上市、融资及并购动态，能够提供完整的投资及并购案例并以实际案例数据分析投资机构的竞争力。此外，它还拥有 4 万份报告、30 万张图表，可以深度分析一级市场的各个细分行业。

它的行业数据采集于 30 多个省市地区金融办及上市办、30 多个大学学院及研究院所、近 500 个经济开发区管委会、700 多个行业协会，其中超过 80 个为国家主管单位。产品设计有极大的差异化，有详细的细分市场以及比较指标，结合独立监测和挖掘能力，形成自身循环的信息流。

此外，它还会定期监测 20 万家非上市企业的上市、融资及并购需求，对其投资价值和并购价值进行判断，解决了海量企业信息真实性、准确性的验证问题。监测及研究范围已覆盖中国近 30 个经济最活跃的城市，拥有近 300

人的专职企业监测及行业研究团队。

九次方金融数据终端的威力可见一斑。也就是说，任何企业只要和九次方搭上了关系，在今后的所有金融决策和市场决策方面都会有章可循。这就是它受到青睐的关键所在。它完全可以成为大数据分析 3.0 时代的标杆。

就在九次方一绝骑尘的时候，浪潮也开始快马加鞭追赶而上。

2014 年 3 月 18 日，浪潮也推出了浪潮云海金融大数据一体机，并在北京举行了声势浩大的新闻发布会。浪潮云海金融大数据一体机也占据了国内的一个第一——国内首款面向金融行业的大数据定制机。

浪潮云海金融大数据一体机，基于分布式开放架构的浪潮云谷 CloudCanyon，采用了 Share Nothing 架构设计，具有弹性扩展、即付即用、性能强劲、安全可靠四大特点，其应用 FPGA 加速技术、SSD 加速缓存技术等多项优化技术实现了整体性能的大幅提升，而 Share Nothing 架构设计，则让系统能够灵活扩展到 4 000 节点，达到了顶级互联网企业的大数据技术实现能力。

或许这种专业性的描述容易给大家造成阅读和理解障碍，那么我简单地总结一下浪潮云海金融大数据一体机的功能。也就是说，这个一体机可以给任何正规企业想要的行业数据，可以让数据导入速度达到每秒百万条，随机查询速度达到每秒百亿条，比业界平均性能水平提升了 20%。这就是浪潮云海金融大数据一体机的威力，它同样具备了在行业大数据分析领域掘金的资本和实力。

如今，互联网超级巨头百度公司也加入了行业大数据分析领域的战局中，使这一领域的纷争更是高潮迭起。

2014 年 4 月 24 日，百度公司宣布正式发布大数据引擎，将开放云、数据工厂、百度大脑三大组件在内的核心大数据对外开放，与百度合作的机构和传统企业将能够在线使用百度的大数据架构，处理自身积累的大数据，或融合百度大数据，来改造和优化传统行业的企业管理、产品服务、商业模式等环节。百度将在政府、医疗、金融、教育等传统领域率先开展对外合作。

众所周知，百度拥有强大的大数据存储、挖掘、处理能力，这无疑令百度在行业大数据分析领域具备很多先天优势，可以大大提升其战斗力和掘金能力。我从朋友那里得知，Google 每天通过大数据可以实现 2 300 万美元的收入，一年的收入就是 82 亿美元，这个庞大的数额已经把百度 2013 年 51 亿美金的年收入远远甩在了背后。所以，百度进军这一领域，是一种必然。一旦运营成功，就能够为百度带来源源不断的数据以及现金流。

在未来，所有和金融有关的行业或者涉及金融的决策，都离不开行业大数据分析。尤其是在以互联网金融为主导的时代，企业不能只依靠自己的内部数据来制定战略、做出决策，更应该去依靠外部的数据去制定战略、做出决策。否则的话，就只能成为井底之蛙。所以，我确信会有越来越多的巨头加入行业大数据分析领域的战局中进行跑马圈地、占山为王。

至于谁会在这场战役中成为王者并不重要，因为这一蓝海足够大，只要数据资源丰富、技术过硬，都可以赚得盆满钵满。更重要的是，战役越激烈，越能促进互联网金融的蓬勃发展。

第四章

互联网巨头在第三方支付领域的巅峰对决

第三方支付领域的兴起和飞速发展，是金融互联网化的一个最佳注脚，也是互联网金融时代的最佳标志。但是，在这个领域，一场由互联网企业巨头掀起的移动支付大战已经全面爆发，并开始进入刺刀见红、贴身肉搏的激烈拼杀阶段，各方“豪杰”使用各种手段攻城略池、跑马圈地，无所不用其极。因为第三方支付领域不相信眼泪，因为这是强者的天下。

支付宝，第三方支付领域的旗手

对于第三方支付，我前段时间在自己创建的几个网站中做过一次调查，我请所有参与问卷填写的用户写出自己使用的是哪种第三方支付，结果不出所料，有 80% 的用户都使用的是阿里巴巴旗下的支付宝，当然也包括我自己。

支付宝是当今中国，乃至是世界第三方支付领域中当之无愧的老大哥，它目前所取得的业绩，远非其他第三方支付企业可以比拟。这一点我们从其知名度中就可以看出端倪。

2014 年 3 月，我在深圳见了一个好久未见的客户。去他家之前我路过一家美宜佳便利店，便打算买点东西给人家带上，空着手上门是非常不礼貌的，这是我一贯的原则。那天正好是周末，店里面人非常多，我匆匆挑了几样礼物就去结账。

收银台前站满了排队的人，当轮到我时，我发现这家店已经支持条码支付功能了。为了节省时间，我没有使用信用卡，而是掏出手机打开支付宝钱包里的“条码支付”功能，并让收银员扫描了一下条形码，只用了 1 秒钟就完成了付款过程。并且我这一举动起到了一个很好的带头作用，身后有几个年轻人也纷纷效仿，用支付宝进行条码支付。

到客户家后，说起这次付款经历，客户感叹道：“支付宝布局的速度真快。如今深圳所有的美宜佳便利店都支持支付宝的条码支付功能，还有海王星辰、便利店领军企业 7-11 等的所有门店都支持支付宝的条码支付功能。”

当其他第三方支付企业还在进行线上布局时，而支付宝已经开始加速线下布局。这就是追赶者与领军人物的差距。

2014 年 1 月，在全国实现支付宝条码支付的便利店数目已经达到 8 000 多家，囊括四川、上海、浙江等五大省市，其中就包括了美宜佳、红旗连锁、喜士多等国内零售巨头，支付宝取得的骄人业绩可见一斑。

2014 年 3 月 7 日开始，支付宝在全国开展“一分钱吃中华名小吃”的活动，用户使用支付宝钱包支付一分钱，就能在参加活动的店铺中获得一份支付宝钱包专享招牌小吃。此次参与活动的商户多为全国或地区性连锁小吃品牌，目的在于让用户能够以优惠的价格享受到比现金更便捷的移动支付消费体验。这也是继支付宝方面喊出“请全国人民免费打车”事件后的又一次豪放出手。

当天，浙江嘉兴地区的 8 家绝味鸭脖店都参加了这次活动。并且绝味鸭脖总部 B2C 部门相关负责人介绍说，绝味鸭脖全国 18 个城市的 600 多家连锁门店都参与了活动。如果试点成功，市场反响很不错的话，那意味着这将是消费领域的又 -次突破。

从支付宝的种种市场开拓举动来看，它不仅要在线上支付领域打造自己的旗手地位，还要在线下支付领域打造自己的霸主地位。一向精明、有战略眼光的马云知道，对零售企业而言，移动支付的价值并不只是增加一个交易支付通道，更为商家推进 O2O 营销战略提供了更强大的支持。所以，马云在其他竞争对手还未来得及布局线下第三方支付领域时，他就已经开始了线上线下双管齐下，齐头并进。

虽然在 2014 年 3 月 17 日央行发布了“暂停条码支付业务”的通知，但这依然不会对支付宝造成多大的影响，要说影响也只是暂时影响到支付宝的线下布局，并且我相信过一段时间，随着互联网金融体系的成熟，央行会解除这个“紧箍咒”。况且，即便这个“紧箍咒”不解除，那整个第三方支付领域都会受到限制，而支付宝在第三方线上支付领域的霸主地位依然无人能及。

朋友老王专门从事第三方支付领域研究，前些天他给我提供了一些有关支付宝的最新的权威数据。这些数据显示，2014 年春节期间，支付宝用户利用手机支付超 1 亿笔，手机支付占支付宝支付的比例高达 52%。在春节的 7 天假期里，用手机进行购物、生活缴费、信用卡还款、购买余额宝等服务的支付宝用户超过 5 000 万人。并且，这 7 天里手机淘宝的日均用户访问量同比去年增长率超过 3 倍以上，而日均支付宝成交额更是 2013 年同期金额的 4.38 倍、2012 年的 42 倍。

此外，有 1 134 万人在手机上通过支付宝钱包充话费，是 2013 年春节的 6 倍；220 万用户在手机上还了 71 亿元的信用卡欠款，是 2013 年春节的 10 倍；超过 150 万人次通过支付宝支付打车款。而最繁忙的大年初七，有近 30 万人用支付宝支付打车款；自 2013 年 12 月 23 日春运车票开售以来，截至 2 月 6 日，共有近 3 000 万人次通过支付宝购买火车票。其中，用手机支付宝购票的用户超过 1 000 万人次。

从这些庞大的数据中我们可以看出，支付宝如今已经和大众的生活息息相关，它正在一点一滴地融入我们的生活，并对我们的生活产生积极而深远的影响。在这个流行快餐文化的时代中，时间就是金钱，效率就是生活，任何人都希望用最短的时间完成更多的事情。每个人都讨厌拖沓、烦琐和等待。

如果在今天，你在交话费、水电费或还信用卡时，还去各个固定的网点，那你已经跟不上这个时代的潮流了。因为大多数人已经开始选择通过移动支付在瞬间完成这些原本烦琐的事情。这就是支付宝的成功之缘由，因为它切合了这个时代的脉搏，想用户之所想。所以，我也经常对我的客户和学员们说，支付宝的成功绝非偶然，而是一种必然。

目前，支付宝的实名制用户已达到 3 亿多，傲视全球任何一家第三方移动支付公司，是当之无愧的互联网移动支付领域的超级巨头。它不仅在我们国家有着极高的知名度和关注度，就在其他国家也有着很大的知名度。这要归功于它属于四种“人”：引领中国电子商务变革的“创始人”、深入推动制造业和服务业变化的“内部人”、闯入金融业变局的“搅局者”、启发政府管理方式转变的“敲门人”。

但是，真正的强者永远明白，荣誉和光环永远属于昨天。马云的梦想是让自己的阿里巴巴成为世界巨头，所以他深知支付宝还有很长的路要走。尤其是面对身后急匆匆的追赶者，支付宝要想保住自己的旗手位置，就必须承载着新的希望，驾驭着互联网金融时代的机遇，向着更高远的目标铿锵前行。

微信支付，潜伏在支付宝身边的猛虎

自从2014年伊始，微信支付日渐成为一个热门词汇，对于广大少年、中青年来说，凡是使用智能手机的，几乎都知道微信支付。微信作为腾讯旗下的一个拳头产品，它正在日益彰显自己的威力，并且让一向高高在上的支付宝变得如坐针毡。因为微信以及微信支付的强势崛起，正在成为一种严重威胁支付宝龙头老大地位的新生力量。

微信自2011年发布以来，一直保持着迅猛的增长势头，“高速”成为其专有代名词。从0到1亿用户，微信用了14个月时间；从1亿到2亿用户，微信用了6个月时间；从2亿到3亿用户，微信用了4个月时间。紧随其后，微信用户数量稳固地以每5个月增长1亿的速度迈进。2013年10月底，微信用户数终于突破6亿个。在2013年8月15日，微信的海外用户就超过了1亿个。预计2014年微信用户会超过10亿个。我们从这些数据中可以看出微信在社交网络上展现出的强大而深远的影响力和凝聚力。

在打造微信之初，腾讯就赋予了微信一种使命：“把用户与实体世界连接起来。”所以，在微信应用称霸社交网络后，微信支付就应运而生，而且一开始就让支付宝感受到了其凶猛的力量和十足的底气。

2014年1月5日，微信正式在其产品内添加了“嘀嘀打车”功能，在“我的银行卡”界面中可以看到“嘀嘀打车”的入口。1月10日，嘀嘀打车与微信支付首次发起了补贴，推出乘客打车立减10元、司机补贴10元的活动。1月21日，快的打车紧急跟进，也做出了乘客打车补贴10元，司机奖励15元的决定。1月26日，支付宝钱包8.0版内也悄然嵌入了快的打车功能。

2月10日，嘀嘀打车宣布将补贴从每单10元下调至每单5元，快的打车虽也做了相应调整，但对乘客补贴仍为10元。补贴下调至维持了一个星期，嘀嘀打车再次宣布开始第三轮补贴，将对乘客的补贴重新提升至10元。对此，快的方面则称“永远比同行多1元”，将补贴提升至11元。

几天后，“嘀嘀”和“快的”的斗争再次升级，嘀嘀打车刚刚宣布为使用微信支付打车费用补贴12～20元，快的打车又将补贴额度调至最低补贴13元，坚决执行着“永远比同行多1元”的承诺。

表面上看似是“嘀嘀”和“快的”在竭力拼杀、血流成河，实际上在战局之外，隐藏着阿里和腾讯这两大互联网巨头之间在互联网金融领域更深层次的谋篇布局。“嘀嘀”和“快的”之间的明枪暗箭，实际是腾讯和阿里巴巴两个互联网巨头之间的对攻，它们的日的是占领第三方支付领域的市场份额。

说白了，就是微信支付和支付宝双方为了占据第三方支付头把交椅而展开的生死对决。因为谁绑定了用户，谁就掌握了第三方支付领域的入口。不过在双方近乎“撕破脸”的竞争中，支付宝更加重视微信支付这个后起之秀了，因为它时时让自己的后脊背发凉，也只有它敢和自己叫板。

其实，早在微信用户达到4亿的时候，马云就开始忧虑了，因为他知道微信用户的不断飙升意味着什么。为了抗衡微信，他高调打造来往，试图用来往来弥补自己在用户方面的短板。但是，不管他如何努力，在“马太效应”尤为明显的互联网领域，其来往获得效果依然差强人意，在微信强大的用户基础方面依然不值一提。

不仅是马云推出的来往不是微信的对手，网易和电信联合推出的易信这款社交应用软件同样不是微信的对手，甚至连微信的皮毛都伤不到。还有移动、联通、电信这三大运营商都难以撼动微信在用户心中的地位。

而微信支付植根于微信之上，掌握了微信用户，就相当于掌握了微信支付用户。而微信庞大的用户资源无疑令其拥有了颠覆支付宝的资本。就在“嘀嘀”和“快的”的竞争正在如火如荼地进行时，阿里巴巴再次被腾讯偷袭了“珍珠港”。

2014年1月28日，“新年红包”的图标出现在了微信“我的银行卡”界面中。据我所知，微信“抢红包”是广州的微信员工最先开始使用。当时微信‘抢红包’上线后，一位员工试着往一个90人的好友群里放了10个20元钱的红包，然后群里就爆炸了，大家都疯了似的抢起了红包。更恐怖的是，在随后的几个小时里，微信红包通过微信的聊天群和朋友圈蔓延到其他大城市中，两天后全国各地的人都在玩抢红包。

就在除夕那天，我的家人也加入了“抢红包”的行列，那晚“春晚”演了些什么大家都没有注意，都在争先恐后地“抢红包”。我把我的一个银行账号微信支付后，往朋友圈里放了25个20元的红包，一大群亲朋好友抢得不亦说乎。那天我抢到了不少，有50元的，有100元的，更让我忍俊不禁的是还有一角钱的。其实抢了多少钱并不重要，关键是抢到或收到红包时很快乐，和一些朋友之间经过互动感情也亲近了不少。

马云曾经非常自豪，自己能把11月11日的光棍节变成淘宝节。但马年春节结束后，马云开始有些惊慌了。因为他发现马化腾竟然把马年的春节活生生地变成了微信的“红包节”。

据财付通发布的数据显示，除夕夜参与红包活动的总人数最多，达到482万人次。其中最高峰出现在零点时分，瞬间峰值达到每分钟2.5万个红包被拆开。从除夕到大年初一16时，参与抢微信红包的用户超过500万个，总计抢红包7 500万次以上。领取到的红包总计超过2 000万个，平均每分钟领取的红包达到 9 412 个。

并且还有数据显示，微信抢红包这一应用在除夕前后几天就使 1 亿个微信用户将自己的银行卡账户和微信支付绑定在一起。

这个数据说明了什么？支付宝花了 8 年的时间才网罗了 1 亿个用户，而微信抢红包只用了一个春节假期就干了支付宝8年的活儿,并且没有花一分钱。这确实是一种巨大的成功。面对微信支付表现出的星火燎原之势，以及在生活服务市场的高歌猛进，向来自信的马云在自己的新浪微博中写道：“确实厉害！此次春节‘珍珠港偷袭’确实计划和执行得完美，幸好春节很快会过去，后面的日子还很长，但确实让我们教训深刻。”

2013 年，大众点评网在接入了微信支付后，在一个多月的时间里，大众点评从微信支付带来的交易额增长了 7 倍，平台上使用微信支付的用户增长了 5 倍，这种发展速度可谓迅猛异常。

2013 年年底，上品折扣中关村分店接入微信支付，15 天内，微信支付的日均交易由 2 笔增长到超过 1 000 笔；日交易额从 70 多元增长到 24 万元，半个月的微信支付总交易额近 100 万元。

如今，羽翼渐丰的微信支付已经成为“潜伏”在支付宝身边的“猛虎”。说是“潜伏”，其实任何人都可以看出，只要时机完全成熟，就会从线上到线下向支付宝甚至淘宝发起“猛扑”。我相信这是腾讯在互联网金融领域未来的主要战略之一。

讲到这里，或许很多人会觉得 2014 年支付宝的老大地位就让给微信支付来坐了。非也！事情并不是我们想象得这样简单。并且这一点我们也可以从马云的微博中看出端倪。“幸好春节很快会过去，后面的日子还很长”，意在告诉我们，微信支付并非是铁板一块，它也有自己的弱点，这就给了支付宝反击的机会。

虽然我们已经见识过微信支付的威力，但不可否认，它仍然有很多不完善的地方。因为它还太年轻，才正式推出了几个月，怎么可能会比支付宝经过 8 年的发展建立的体系成熟呢？

2013 年 9 月，聚美优品接入微信支付，虽然最初被包装成案例广泛传播，但两个月后，聚美优品便悄然关闭了微信支付这一业务。据聚美优品内部员工透露："这次合作并不愉快。用户通过聚美优品 APP 购物后，跳转到微信支付页面，许多用户是第一次使用，必须绑定银行卡，操作流程长。更为重要的是，微信支付支持银行有限，甚至交通银行都不能绑定。两个多月的合作下来，很少有用户重复使用微信支付。"

从这位员工的话中我们可以看出微信支付存在的短板。尤其是在运营方面，它的体系还不够成熟，其应用场景还非常有限，并且支持的银行还远远不够。据我所知，截至 2013 年 11 月底，微信支付只接入了 12 家银行，而支付宝快捷支付接入的银行高达 180 家，这就是巨大的差距。而这些短板绝非微信本身的社交属性可以弥补。所以说，微信支付的颠覆之旅，还有很长的路需要去走。

但是不可否认的是，微信支付的出现，一方面会使支付宝加入布局和转变服务意识；另一方面会重建中国电商的架构，因为其自身所包含的巨大潜力，可以书写我们在第三方支付领域可以想象到的任何传奇。只要微信支付保持目前的发展现状，必将会成为中国电商格局中的一方霸主。赶超、颠覆、扼杀，一切皆有可能。

壹钱包，平安集团的吸钱神器

马明哲率领的中国平安集团在2012年再次强势闯入大家的视线中，并在2013年让中国平安成为互联网金融领域的热门词汇。因为2012年4月，阿里巴巴马云、腾讯马化腾和平安马明哲共同协商并确认成立一家网上保险销售公司——众安保险。并且该公司在2013年3月得到中国保险监督委员会的批准（该公司我会在第九章详细讲解）。

在这则事件的热炒过程中，马明哲趁热打铁，他在2014年年初，又推出了平安集团的拳头产品——神奇的“电子钱包”。这个神奇的“电子钱包”之所以令业界人士大为关注，是因为它具有第三方支付功能。马明哲将这个神奇的“电子钱包”起名为“壹钱包”。

壹钱包的横空出世，立刻成为互联网金融领域的爆炸性消息。中国平安集团作为一个横跨保险、银行和投资的综合性金融集团，它带领壹钱包进入第三方支付领域可谓是来者不善，并且，平安的这种变革和转型非常具有代表意义。

我一直都认为马明哲是个非常有魄力和远见卓识的企业家，他善于用互联网思维思考问题。他曾经说过：“互联网肯定会改变经济、文化、各行各业，当然给金融业带来了很大的变革。我用的词是change or die。”change or die，是“改变或者死亡”的意思。我们从马明哲的话中可以看出平安集团已经感受到了互联网在金融领域的变革力量，试水互联网金融的意图非常明显。

马明哲曾经对互联网的未来发展趋势进行过预测："第一个，10 年内，60% 以上的信用卡没有了，被取代了；第二个，十到十五年内，大部分的中小金融机构的前台由互联网的企业、非金融企业来取代或者代替；第三个，金融机构网点的前台将会走向四化：小型化、社区化、智能化、标准化。"他在这样预测的同时，也是在这样行动。

2012 年 9 月，马明哲通过平安全资控股的平安金融科技控股了深圳明华智能，并把明华智能更名为"平安付"，打上了鲜明的平安标志。当时的明华智能 100% 控股拥有第三方支付牌照的壹卡会。壹卡会拥有互联网支付、预付卡发行与受理牌照。也就是说，马明哲通过控股明华智能，就拥有了互联网支付、预付卡发行与受理的牌照。

2013 年 4 月，"平安付"又收购了上海捷银。上海捷银的支付牌照更为全面，包括互联网支付、移动电话支付、银行卡收单、预付卡发行与受理等。如此一来，"平安付"就具备了进军互联网金融的资质。

2014 年 1 月，"平安付"经过几个月的调试和完善，终于成功推出"壹钱包"，此时，平安基本实现支付功能的基础建设战略布局。所以，对于马明哲能在 2014 年这个历史性的时刻选择第三方支付领域，我一点都不觉得意外，反而觉得如果缺少了平安集团，第三方支付领域的对决就会逊色不少。

壹钱包在问世之初，就被赋予了承载平安积极的发展创新业务和"社交金融"的新使命。壹钱包目前已经具备了转账支付和社交聊天功能，并且随着产品的进一步升级，壹钱包未来还会拥有集"赚钱""花钱""省钱""借钱""打电话聊天"等各种功能。

也就是说，平安对壹钱包的定位远远不是一个移动支付工具，而是一个融汇和对接平安各种金融和非金融服务能力的大平台，相当于平安的"钱眼"。它对于中国平安的价值类似微信之于腾讯的价值。未来，壹钱包将会从现实金融生活切入，把金融融入"医、食、住、行、玩"的生活场景，实现管理财富、管理健康、管理生活的三大功能。

此时或许会有人问，壹钱包会有人用吗？在支付宝和微信支付如日中天的背景下，壹钱包还有生存的空间吗？对于这个问题，很多人也问过我。说实话，我曾经也担忧过，但在我认真研究了壹钱包的各种功能和未来使命后，我觉得它还是可以在强敌环伺的第三方支付领域中生存下去的。因为马明哲并没有让壹钱包和支付宝、微信支付这样的巨头硬碰硬，而是选择差异化的定位，这样可以避其锋芒，获得生存的空间。

并且，壹钱包也有着自己的很多潜在客户，而这些客户也可以成为它生存的土壤。

一位在平安集团工作多年的朋友告诉我，中国平安银行有 1 800 万用户，尤其是其中的信用卡用户，本身具有支付类的业务和职能。如果平安能刺激这些用户发挥自己的“熟人效应”，那集聚起来的用户可是一个不容小觑的数字。

其次，平安散布在各条业务线的个人理财用户，规模也不小，这部分用户也是使用电子钱包的潜在用户。此外，数十万陆金所的用户，60 万第三方存管用户，等等。这些客户在平安的业务，都与电子钱包的功能有挂钩。

最后不能忽略的是，“平安付”在收购深圳明华智能和上海捷银之前，双方的壹卡会和捷银的第三方支付用户也都成了“平安付”的用户，这些用户规模也不小，并且有使用电子钱包的需求。这些林林总总的客户加起来，我初步估算了一下，至少有 7 000 多万客户可以直接成为壹钱包的用户。

对于壹钱包的推广，马明哲说得更直截了当：“从 30 万员工开始，到 8 000 万平安的客户，然后到社会大众。三个阶段，现在是基础整合，然后金融整合，然后服务整合。”这些庞大的数字，确实可以让壹钱包具备叫板支付宝和微信支付的资本。

虽然壹钱包目前还处于内部测试和推广阶段，还未正式向社会大众进行推广，但从其正式开始内部推广的第二天便达到了百万级别的表现来看，其未来前景也是大有可观的。

壹钱包作为平安集团社交金融的五大门户之一，它承载着平安集团巨大的金融野心。但是从另一个角度来讲，要想让其在第三方支付领域成为一方霸主，它依然有很长的路要走，这些路途甚至比微信支付还要坎坷、艰难得多。因为它在应用场景和用户使用习惯方面的缺陷，将成为制约其发展的最大障碍。如果未来它能很好地解决这些方面的问题，那它确实可以成为第三方支付不可小觑的中坚力量。

易宝支付，逆袭归来的先驱

如果说马云是阿里巴巴的灵魂人物，那唐彬就是易宝支付的核心首脑，没有唐彬，就没有易宝支付。在如今的互联网金融领域，唐彬是个炙手可热的人物，如果只知道马云、马化腾、李彦宏，而不知道唐彬，那说明你对于互联网金融的认识还不够全面。

唐彬在美国斯坦福大学读博期间，获得了电子工程学硕士学位。一心着急创业的他，还未读完博士便去了硅谷一家公司工作。工作期间他还创立了“美国硅谷中国无线协会”，并担任会长。

2002年，唐彬带领协会的一个考察团到深圳考察。考察期间他们住在一个度假村，一天晚上他的手机欠费了，但度假村里没有卖充值卡的地方，这让他感觉非常不便；时隔不久，同样的遭遇又在天津上演。也正是这两次遭遇，让唐彬调整了考察的重点。

通过考察，唐彬发现，在当时的国内，买机票、交水电煤气费都不太方便，往往需要跑很远的路去固定网点缴费，同时还要排很长时间的队，但在美国电子支付早已成为一种常态。于是，唐彬决定回国创办一家电子支付公司，这就是易宝支付的由来。

2003年8月，北京通融通信息技术有限公司成立，易宝支付这个平台应运而生。由于当时国内的智能手机非常少，这在一定程度上制约着易宝支付的发展。于是，易宝支付将做移动支付的目标转向做互联网支付。即便易宝支付现在不如支付宝的名气大，但不可否认的是，易宝支付是我国第三方支付领域的先驱，它是我国最早的第三方支付平台，比支付宝还要早一年多。

2014 年 3 月，我在阅读易观智库发布的各行业报告时，看到易观智库对当前支付趋势的评价，报告上说："自 2002 年以来，第三方支付行业经过 10 年发展，如今呈现出三分天下的行业布局，以支付宝、财付通为代表的账户支付企业，和以银联在线为代表的综合支付企业受到挑战，而以易宝支付为代表的行业支付企业更是异军突起。"这份具有相当含金量和权威性的报告，给予了易宝支付很高的评价。

虽然易宝支付成立的最初几年发展缓慢，可谓是名不见经传，但那是由于当时互联网环境的限制。随着最近几年互联网环境的日益成熟和第三方支付行业的高速发展，易宝支付也及时抓住了发展契机，实现成功逆袭。

一年一度的公务员考试被称为中国最正统的"国考"，并且历年参考人数屡创新高，在 2010 年时首次突破百万人，随后的几年里人数更是迅猛增长。面对如此浩大的报考人群，并且要在短时间完成线上报名、缴费等环节，这可让全国各地公务员考试机构犯难了。此时，易宝支付挺身而出，为全国人事考试中心提供了一个稳定、安全、可靠的支付平台。

易宝支付早在 2006 年年初，就成立了面对行政行业的专业服务队伍，从产品设计、平台建设、客户服务到资金清算、结算等方面提供专业性服务，先后与卫生部人才、国家医考、工信部软考、人社部考试中心等 200 多个国家行政事业单位达成合作，累计缴费人数过 3 000 万人次，得到行政事业单位机构和广大用户的一致好评，社会效益显著。

其实，只要我们认真观察和研究，就会发现易宝支付几乎渗透到了各个行业，就连租车行业都不例外。

当租车渐渐在我国形成一种常态时，租车行业也开始呈现出行业集中化加剧的现象。但由于租车行业的用户支付环节比一般的服务交易更为复杂，涉及押金、预授权、二次预授权、退款等步骤，人工操作环节多、财务人工耗费大。这一系列难题在很大程度上阻碍了租车行业的发展。

于是，易宝支付在2013年推出国内首个租车行业支付解决方案，通过支付系统与业务系统的对接，将用户信息、订单信息、支付信息进行实时匹配。通过这种系统化的接入，帮助租车行业企业客户提升门店操作效率、简化财务处理流程，从而大幅提升消费者租车消费体验，加强租车行业整体竞争力。

从以上案例中，我们可以看出易宝支付的市场开拓能力和敢为人先的创新精神。而这些宝贵的资源也促使易宝支付在电子支付技术、应用方面比其他第三方支付企业表现得更加出色。易宝支付前期一直倡导的是“支付＋增值”、“按需支付”等行业支付理念，坚持走行业支付路线，深入行业上下游，为不同行业的不同支付需求定制。

或许大家还不清楚易宝支付的支付方式吧，它提供的是一种在线支付网关式的服务，买家通过易宝支付可以将钱直接打给商家，整个过程不需要第三方担保。这与支付宝的支付方式有着根本性的不同。这也是易宝支付与其他第三方支付平台不同之处。

不少人听我说了易宝支付的支付流程后，都觉得这样非常不安全，他们的疑问是：直接把钱打给商家，商家在收到钱后不给提供产品或服务怎么办？

关于这一点，易宝支付的用户大可不必担心。因为凡是和易宝支付合作的商家，都需要经过严格审查。在审查阶段，有过不良信用记录或不诚信行为的商家，易宝支付就会拒绝为其提供服务。如此一来，能够接入易宝支付的商家，肯定都是讲信用、值得信赖的商家，比如卓越网、当当网等。

同时，易宝支付的另一个优势也是其大受市场欢迎的原因——易宝支付网关。这个网关充分体现了易宝支付“支付＋增值”的理念。易宝支付的网关不仅是安全支付的保障和商家判断客户是否付款的依据，它还具有自动转换功能，能帮助商家节省大量的时间和精力，这就是增值部分。

比如说我使用的是建设银行的网银给商家支付货款，那么商家就必须再去建设银行申请支付平台，这样才能收到货款；如果使用的是工商银行或农业银行的网银给商家支付货款，那么这个商家就必须去工商银行或农业银行申请支付平台，这样商家才能收到货款。试想一下，一个商户至少有上千个客户，如果这些客户使用的银行账户不尽相同，那这个商户就必须去一家家不同的银行进行申请。

这无疑会给商户的收款带来很大的麻烦。而易宝支付的易宝支付网关有效地解决了这个问题，它将每一家银行的支付平台集成到一起，商家只要使用了易宝支付，就不用再到一家家银行去分别申请了，只要开通了一家银行账号，就可以收到任何银行卡的汇款。

这种种优势都可以让易宝支付在第三方支付领域如鱼得水。但是唐彬是个志向高远的人，他的目标并不会仅止步于此。如果说他想称霸第三方支付领域也不足为过。早在2010年，唐彬就说过："说支付宝一家独大已经成为定局肯定为时过早，只能说支付宝暂时一家独大。无线互联网是易宝支付破局的一个很好的机会，有可能颠覆现有的互联网支付局面。包括保险、基金在内，还有上万亿的市场需要电子支付，我认为易宝支付要超越支付宝可以从互联网的各个方面发力，甚至可以从社区发力，互联网从来不缺想象空间。"

言外之意很明显，易宝支付未来的目标就是赶超支付宝，颠覆第三方支付领域支付宝一家独大的格局。

为了给2014年互联网金融元年做准备，易宝支付在2013年就开始了更全面的布局。

2013年9月27日，"易宝十年创变——互联网金融峰会"召开。会上，易宝支付正式发布"易宝金融"重大战略，首次对外披露了易宝支付的互联网金融市场切入计划——"支付＋金融＋营销"的行业支付创新模式。也就是说，在接下来的几年内，易宝支付可能会从两个维度推出创新产品和解决方案，在帮助行业企业客户提高金融管理及营利能力的同时，全面切入互联网金融。而易宝支付推出的"安易宝"，反其道而行之，它不面向一般用户，而是专门面向自己服务的商户。只要商户将交易流水存在易宝支付上，就可以获得一定的收益。

说到这里，大家想必已经很清楚了，易宝支付口中的创新绝不是一句空洞的口号，“安易宝”反其道而行之的模式就足以让人眼前一亮。如果“安易宝”能得到有效推广，获得广大商户的认可，那无疑会为易宝支付注入更多的活力，令易宝支付实力更加强大。

这是一个打破垄断的时代，也是一个不断上演颠覆、赶超的时代，不到最后时刻我们永远猜不到结果。虽然易宝支付在很多资源方面不如支付宝和微信支付，但其自身的各种优势也足以让其在互联网金融风生水起之时，一路引吭高歌。

汇付天下，敢吃螃蟹先天下的支付巨头

在目前第三方支付领域巨头林立的大环境下，汇付天下也是一个重量级的“人物”，任何对手都不敢藐视它的存在。虽然汇付天下起步比较晚，2006 年 7 月才成立，但它这匹“黑马”在成长过程中所表现出来的强悍让所有第三方支付企业都不得不刮目相看。

2007 年 10 月，汇付天下成为中国领先的电子客票交易平台“易行天下”独家的第三方支付平台，同时发布创新型航空票务行业解决方案——ET360。

2007 年 11 月，汇付天下为中国南方航空公司率先开通电话支付功能，中国工商银行、中国建设银行、招商银行等多家银行成为该业务首批合作伙伴。

2008 年 5 月，汇付天下与海南航空公司签约战略合作，此次合作包括了 B2B 和 B2C 的网上支付应用，同时汇付天下还为海南航空的 B2B 提供创新型的信用支付。

接下来的几年，汇付天下又和中航鑫港担保有限公司、中国东方航空公司等近 20 家航空公司建立了合作关系。到 2012 年，汇付天下在电子客票市场的占有率达到了 40%，成为行业的绝对领导者，国内几乎所有的航空公司、民航信息网络公司、机票代理商以及主要银行都是汇付天下的合作伙伴。

汇付天下每向前迈进一步，都会引起行业的震动，所有业界人士都对汇付天下所向披靡的市场开拓能力惊讶不已，并一致认为汇付天下彻底改变了航旅客票传统的交易方式。

但是，雄心壮志冲云天的汇付天下并没有就此止步，它依然在第三方支付领域开疆拓土，跑马圈地，并逐渐成为第三方支付领域一颗耀眼的新星。目前，汇付天下的服务范围覆盖包括航空、物流、酒店、收单、基金理财等众多产业链，可说是第三方支付行业当之无愧的开拓者和深耕者。

在这里不得不说的是汇付天下在基金零售行业掀起的风暴。我国基金业的传统分销渠道大多为银行所占据，可以说80%的基金销售都依赖银行来完成。但是，彪悍的汇付天下却上演了一出虎口夺食的精彩大戏。它为了颠覆银行对基金业的统治地位，从2006年开始，花了四年的时间，倾注了极大的心血，终于建立了中国第一个跨基金、跨银行的资金支付和结算平台——天天盈。

天天盈整合了基金咨询和基金支付的一站式、高效、安全和便捷的基金理财平台，解决了未来基金销售的支付和结算瓶颈问题，受到了所有基金投资者的青睐。目前，天天盈支持33家银行和50家基金公司的近千只基金产品，基本实现了投资者持任意银行卡，完成任意基金公司基金产品的申购支付。而汇付天下也因此成为基金理财支付领域当之无愧的霸主。

汇付天下创建的天天盈，无论是对基金行业还是支付行业来说，都是一种划时代的进步，这也让汇付天下在百舸争流的第三方支付行业名声大震。

2014年3月22日，备受支付行业关注的2013年度支付行业“金贝壳奖”在北京正式揭晓。经过一番激烈的角逐和严格评选，汇付天下在近百家申请者中脱颖而出，荣获本届“金贝壳奖”最重磅的奖项——最具行业影响力品牌。

这个奖项含金量是非常高的，因为支付行业的“金贝壳奖”是由中国支付网主办，汇聚了支付行业最具代表性、最具应用价值和最具商业推广价值的主流产品和优秀解决方案，已渐渐成为中国支付行业的新的风向标。

如今的汇付天下，已是第三方支付行业公认的巨头，其辉煌的业绩都足以令其傲视群雄，成为行业标杆。它是首批获得央行颁发的“支付业务许可证”、首家获得证监会批准开展网上基金销售支付结算业务、首批获得国家外汇管理局支付业务试点牌照的国内领先的金融支付企业，还是中国支付清算协会常务理事单位。并且据我所知，汇付天下在2013年的交易规模超万亿元，约占总市场份额的6.2%，稳居行业三甲，仅次于银联商务和支付宝。

众所周知，互联网金融时代，是一个激流勇进、逆水行舟的时代，不进则退。汇付天下面对互联网金融的浪潮，自然不能有丝毫松懈。而汇付天下也将自己强大的市场开拓能力和敢吃螃蟹的先天下精神发挥得淋漓尽致。

2014年4月10日，汇付天下向整个业界宣布将进军P2P余额理财。或许大家还不了解P2P余额理财的意思，就是说，投资P2P网贷的人常有部分闲置资金放在账户里没有对应标的，但又可能随时用于投标，业内把这部分资金称为“站岗资金”或“排队资金”，而汇付天下通过向P2P投资人开放“生利宝”申购通道，用户将“站岗资金”存入“生利宝”中，从而通过“生利宝”实现资金的增值，这就是P2P余额理财。

据我所知，目前汇付天下推出的P2P余额理财在线上销售的是国泰君安的货币基金，与海富通和南方基金的合作还在研讨，暂时没有上线。这种P2P余额理财的模式为汇付天下业内首创，所以引起了其他同行的极大震动。但更让人刮目相看的还在后面，因为P2P余额理财只是汇付天下在互联网金融领域的第一步，接下来这种模式还会覆盖银行、信托、基金、预付费卡、证券等各个细分领域，这才是大手笔布局。

不少人都问过我，未来汇付天下能不能超越银联商务和支付宝，荣登花魁宝座，我觉得有希望也有压力。毕竟汇付天下并非完美无缺，没有不足。

2014年3月，央行下发文件，要求从4月1日起，对存在未落实特约商户实名制、交易监测不到位、风险事件处置不力等问题的支付机构在全国范围内暂停接入新商户，这些支付机构包括：汇付天下、易宝支付、随行付、富友、卡友、海科融通、盛付通、捷付睿通。

汇付天下赫然在列，这就说明汇付天下在小微商户管理方面经验依然不足，存在高效率、弱风控的事实，并且渠道建设也不够完善，在业务浩荡之势下也不免夹杂泥石俱下。所以，汇付天下想要完成颠覆之旅，还要把自己的薄弱环节及时补上。只有经过一番阵痛，才能完成华丽转身。

融资篇

第五章
阿里金融：用诚信创造财富

阿里巴巴集团的核心无疑是金融。所以，创造一个以金融为核心的阿里金融帝国，无疑是阿里巴巴集团的崇高使命和唯一目标。而阿里金融的产生和不断强大，也必将让更多的企业和个人享受到投、融资等金融服务上的便利。阿里金融是互联网金融时代的标杆，不了解阿里金融，就不了解这个时代，因为它的一举一动都影响着互联网金融时代的市场走向。

敢于向银行亮剑的阿里小贷

如今，阿里小贷因为自身所取得的骄人业绩已经誉满中国，成为互联网金融领域独当一面的王者。

2010 年 4 月，阿里巴巴正式获得小额信贷牌照，2010 年 6 月，浙江阿里巴巴小额贷款股份有限公司和重庆市阿里巴巴小额贷款股份有限公司分别在杭州和重庆成立，前者的注册资本为 6 亿元人民币，后者为 10 亿元人民币。阿里巴巴自营的小微信贷业务自此扬帆起航，业界简称其为“阿里小贷”。

我在第三章提到过，大数据金融运营模式有两种，阿里小贷采用的是其中的一种——平台金融模式，这种模式是平台企业对其长期以来积累的大数据通过互联网、云计算等信息化方式对数据进行转化的挖掘和分析。该平台模式有效地解决了信息不对称的问题，在高效的 IT 系统之上，将贷款流程流水线化。

众所周知，阿里巴巴企业成立十几年来，它旗下的淘宝、天猫、聚划算、一淘网等众多平台上聚集了数以万计的大小商户以及数以亿计的注册用户，而阿里巴巴凭借众多平台上的商户和用户多年来的交易数据积累，可以说拥有了一个强大且详尽的征信系统数据库，这能够保证阿里小贷在很大程度上解决风险控制问题，降低企业的坏账率。

阿里小贷提供两种不同类型的贷款服务，分别为淘宝贷款和阿里巴巴贷款。淘宝贷款主要面向阿里巴巴旗下的天猫、淘宝以及聚划算等平台上的卖家，分为订单贷款和信用贷款，额度均在100万元以内。阿里巴巴贷款主要面向阿里巴巴会员企业，以满足会员企业在生产经营过程中产生的流动性资金需求。

阿里小贷的无抵押贷款一经推出，立刻在金融市场引起了轩然大波。原因是整个贷款过程竟然在3分钟左右就可以完成，单笔信贷成本仅2.3元，并且贷款人无须做任何抵押。也就是说，从商户提出申请，到商户收到贷款，整个过程都在网上进行，全流程系统化、无纸化。我始终认为，这是阿里集团在互联网金融领域的又一次创新。因为它首次颠覆性地借助大数据分析工具实现了很多人看来绝不可能的“玄乎”的指标。

如今，阿里小贷凭借着自己的大数据金融战略，发展势头强劲，并且效率超高，被称为最靠谱的“小贷工厂”，不是银行，胜似银行，被传统银行视为劲敌。

2013年二季度末，阿里小贷已经为40多万个小微企业提供了10 000多亿元的贷款，户均贷款为4万元，不良贷款率仅为0.87%。这一结果不仅让我的朋友大跌眼镜，我听说就连银监会都感到惊讶万分。并且阿里小贷的发展速度已经远远超过了在小贷领域寻求突破的大多数银行。

有不少人都问过我，当下中国电商那么多，互联网企业也多如牛毛，为什么只有阿里巴巴依靠大数据建立的阿里小贷效果显著，最具影响力?

这个问题非常有价值，因为它能帮助我们剖析大数据金融和阿里小贷的关系。大家都知道，大数据的积累是一个相当复杂而纷繁的过程，要想使自己的企业平台具备大数据收集能力，就得满足以下三个条件：

（1）持续的平台运作和服务供给，能够收集跨经济周期的数据；

（2）数据需要具备频繁的流动和交叉，因此平台绝对需要具备流量基础；

（3）数据与自身服务存在有效的转化途径。

只要我们依照这三个条件对国内的所有企业进行筛选，就可以发现只有大电商才符合这些条件。有些人或许会反驳，银行不是也具备这些条件吗？我觉得并非如此。银行虽然也是一个主要的数据积累源头，但根源在于银行缺乏频繁的客户接触和激发渠道，它的数据是活性较低的，是分时期和阶段性的，且缺乏一定的数据与服务的转化工具。光从大数据的特征之一 Velocity（变化快）这一点来看，银行就不符合要求。

那京东、当当、拍拍网都是电商巨头，为什么仅是阿里小贷独领风骚呢？答案很简单，因为阿里巴巴所掌握的日常消费和支付数据，是目前活动性最高、频率最快的，它与终端消费者距离最短，同时也是应用场景涉及行业最多的数据入口和来源。

2014 年 3 月 7 日，阿里巴巴举办了西湖品学大数据峰会。在这次峰会上，阿里高层人士透露，在阿里数据平台事业部的服务器上，攒下了超过 100 PB 已处理过的数据，等于 104 857 600 个 GB，相当于 4 万个西雅图中央图书馆，580 亿本藏书。阿里小贷的一个风控模型需要分析数年里千万家淘宝店铺的近 3 万多个指标，并在这个过程里摸索出解决 2 大世界级的数据分析领域难题的方法，即海量数据如何在云计算平台进行加工运算处理，另一个就是如何在 3 万多个指标里进行大浪淘金般的数据挖掘。

试问一下，当今中国企业中，无论是传统企业，还是电商巨头，谁能做到这一点？所以，阿里小贷是当仁不让的王者，这也是阿里小贷在互联网金融领域能够呼风唤雨、撒豆成兵，敢于向银行亮剑的关键所在。

大家应该知道，传统银行面向小微贷领域的服务少之又少，这不仅是收益和成本之间的问题，主要原因还在于银行在小贷领域的突破很有限。为什么连一向强大无比的银行在小贷领域都不是阿里小贷的对手？这是很多人都关心的问题。

众所周知，银行从客户方面获得的数据比较零散、有限，并且银行判断客户是否合格的标准依据主要是“三张表”，即资产负债表、利润表和现金流量表，但是这些数据和表都存在造假的可能，而有时候银行又识别不出来，这就会给银行造成更高的坏账率。但阿里巴巴自身的B2B、B2C、C2C的电商生态圈主要的参与者是商户与消费客户，在长期的电商生态培育中，商户与用户通过高频的信息流、资金流、商品流交汇，为阿里的数据库提供了最翔实的数据来源，并且这些数据根本不存在造假的可能。

阿里金融以阿里云为整个贷款的技术基础，阿里巴巴旗下平台所有的信息，比如卖家的商品交易量、真实性、商铺活跃度、用户满意度、库存、现金流，甚至用户通过支付宝缴纳水电费、税费的信息，都会源源不断地流入阿里云，阿里云对其进行专业化的分析和处理，在通过网络数据模型，辅以交叉检验技术和在线视频检验技术，加上通过各个渠道获得的信用记录、交易状况等情况得出信用评估报告，就可以确定申请企业的授信额度，从中筛选出具备贷款条件的客户。对于那些不符合贷款条件或有可能出现违约行为的客户，阿里小贷一概不予受理。

很明显，受自身体制和运营模式的限制，银行做不到这一点。未来，阿里小贷无论是在模式还是体系方面都会更加成熟，我将它看成颠覆整个金融格局的大手笔，并且是最有实力搅动传统金融市场“一潭死水”的有生力量。目前，在它的带动下，其他互联网电商巨头都已经紧随其后，纷纷效仿它的做法。当以阿里小贷为主的电商巨头开始把目光从自己的平台上转移到整个社会的小贷领域时，传统银行的噩梦就真正开始了。

阿里巴巴的金融云

虽然大家都公认2014年是互联网金融元年，但如果我要说2014年也是属于马云的一年，相信同样没有人会反对。综观2014年已经过去的几个月，处处都能看到马云的名字，尤其是在互联网上，他的名字更是无所不在。这位光芒四射的企业家和当之无愧的创业教父，正带领着自己的电子商务帝国阿里巴巴在互联网金融市场跑马圈地，所向披靡。

2013年11月27日，阿里巴巴正式在北京宣布推出阿里金融云服务，并推出“聚宝盆”计划。或许大家只听说过阿里巴巴的阿里云，还不清楚其金融云是什么。阿里金融云服务以云计算为支撑，联合众多知名金融产品解决方案提供商，为银行、基金、保险以及证券等金融机构提供安全稳定的IT资源及互联网运维服务，并提供支付宝的标准接口和沙箱环境。阿里巴巴将整合金融生态系统的各方力量，把其云计算资源输出给需要的行业与用户。

我们打个比方来理解：如果把金融云平台比作淘宝网，那么银行、券商等金融机构都是金融云平台上的卖家。不过和淘宝网只是个流量入口不同的是，金融云除了是用户流量入口外，还为用户提供全套业务流程支撑。也就是说，银行、券商等金融机构不需要自己采购各种计算机产品，也不需要向各种行业应用开发商购买软件与服务，这些都将交给阿里集团来搞定。银行、券商等金融机构只要专注于业务创新就可以了。

面对如此巨大的挑战，阿里巴巴的金融云平台能够胜任吗？这是很多人都会发出的疑问。说实话，我刚开始也不敢肯定阿里巴巴的金融云平台就一定能够胜任这一重任。但是随着马云在互联网领域全面布局的展开，我对阿里巴巴的金融云平台越来越有信心。

2014年4月3日，恒生电子公司被马云收购。至此，这个有着11年历史的公司改名换姓，成为马云的企业。我们有必要了解一下恒生电子公司的状况，这对我们全面地了解金融云很有帮助。

恒生电子是一家金融软件和网络服务提供商，其总部设在杭州，在全国28个主要城市设有分公司或办事处，主营业务金融IT产品与服务涵盖银行、证券、基金、信托、保险、期货等金融市场的各个领域，是国内唯一一家能够提供全面解决方案的“全牌照”IT服务公司。

我在查阅恒生电子2013年年报时得知：该公司在基金、证券、保险、信托资管领域核心市场占有率分别达到93%、80%、90%、75%，在证券账户系统、证券柜台系统、银行理财业务平台、信托核心业务平台、期货核心系统的市场占有率分别达到57%、43%、85%、41%、42%。

从这些数据中我们可以得知恒生电了的实力状况，可谓是一个不折不扣的金融巨头。当然，没有价值的企业，马云也不会去收购。马云为什么要收购恒生电子，目的非常明确——打造金融云。因为恒生电子提供了中国绝大多数基金公司的后台交易、结算、投资等核心系统以及接近市场一半份额的证券公司软件系统，无疑拥有获得各类金融交易数据的优势，至少拥有相关的技术能力。这与阿里巴巴之前推出的金融云布局不谋而合，涉及领域包括各类支付场景、系统管理、查询统计服务以及未来托管银行业务的核心账务系统、信用卡系统、放款系统和风控系统等。

马云拿下了恒生电子，就拥有了为包括银行、基金、证券、信托为机构提供云服务的资本，同时还大大加快了金融云平台的步伐。当然，为了成就自己的霸主地位，阿里巴巴还开始疯狂构建“城外城”，打破边界开疆扩土。

阿里巴巴在2014年4月份一个月内购入四家内地及中国香港上市公司的

股权，共计花费超过190亿元，让整个金融市场都震惊不已。其实最令人感叹的非马云和史玉柱联手收购华数传媒20%股权的事情了。

2014年4月8日晚上，华数传媒官方新闻平台发出公告称马云、史玉柱联手斥资65亿元人民币获得华数传媒20%非公开发行股份。华数传媒是广电系统的一颗明星，有线电视的重要玩家、三网融合的急先锋。加之前段时间阿里巴巴收购了文化中国60%的股权，我们可以看出阿里巴巴早已开始跨界了，不再局限于金融“生态圈”，而是向更宽广的领域布局。

或许有读者会问，收购华数传媒和文化中国的股权和金融云一点关系都没有啊，阿里巴巴为什么要这样做？如果仅从表面上看这之间确实没有什么必然的联系，但如果从阿里巴巴的整体布局方面来看，就可以看出这种战略布局的高瞻远瞩。阿里巴巴拥有了淘宝、支付宝、聚划算、阿里云、高德、新浪微博等棋子，而在有线电视网络、文化等领域还没有棋子，收购了华数传媒、文化中国，就可以在这些相关领域收集数据了。

如此一来，阿里金融云就可以收集到任何一个行业的数据，在抓取任何数据时基本上可以做到不留死角。就比如说一家基金公司要在有线电视网络领域进行投资，而阿里巴巴的金融云平台就掌握着这一领域的详细数据，所以就可以第一时间给这家基金公司提供金融投资服务。

阿里巴巴的金融云平台虽然推出的时间还没有半年，但所取得的业绩却一点也不差。据我所知，目前已有包括广东南粤银行、吴江农村商业银行、渤海银行、厦门银行、鹤壁银行、华润银行、东海银行以及天津农商银行在内的多家银行通过阿里金融云服务实现了网上交易支付的功能。

阿里巴巴的金融云也确实给这些客户带来了实实在在的好处。相比于传统方式，平均每家银行上“云”的成本节省了70%，时间上也由原先的30天缩短为15天。其自身成本低、性能强、安全性高等特点也获得了客户的广泛认可。

金融云服务的推出可以说是阿里巴巴的一个大手笔、大动作，如果它能成功推广到全国，那无疑会使阿里巴巴这个帝国更加强大。就像马云所说："未来的银行、基金、证券、信托等金融都不需要 IT 基础设施，全部由阿里集团提供。"这句话非常霸气。不过要想实现这一宏伟目标，却并非那么容易实现的。因为阿里巴巴的金融云正面临着前有狼后有虎的严峻挑战。前面有谷歌、亚马逊、百度、腾讯等云计算公司，后面有四大行。谷歌、亚马逊、百度、腾讯等云计算公司都是阿里巴巴金融云的强有力竞争对手，这些大家比较容易理解，而四大行为什么会对阿里巴巴金融云产生威胁，这一点不少人不太理解。

其实很简单，四大行是实力超强的银行，它们绝不会让自己受控于人，因为这样会失去自己的市场话语权，所以它们极有可能打造自己的金融云服务系统。

正因为如此，阿里巴巴的金融云在未来的日子里，将面临无限的机遇和严峻的挑战，它可能获得空前的成功，也可能在恶战中伤痕累累，但绝无丢失性命的可能。毕竟阿里巴巴对于金融业务的全产业链布局已经粗具雏形，它在百舸争流的激烈竞争中成为一方霸主已成定局。

阿里金融帝国将走向何方

不知道各位读者有没有读过马云在阿里巴巴集团内部写给员工的一篇年终总结，这篇主题为“天变了”的年终总结让我读后思绪连篇，对马云领导的阿里金融帝国未来的走向充满了遐想和沉思。

以前，我们对别人，别的行业呼吁，天变了。今天我们发现自己头顶上的天也变了，我们脚下的稳健土地也在变化。这不是因为对手，而是因为我们的客户和市场，因为新技术的革命在变。变化是一种必然，当然，拥抱变化和挑战变化，也必须是我们每个阿里人的能力和底气！15 年的发展，今天的阿里已经具备了挑战变化的魄力和决心，但我们绝对不能轻视这瞬息万变的时代，很有可能是由于我们中的任何一个人的疏忽和不求进步，让 2013 年成了我们最后一个好年。

我在读完这篇年终总结时，第一时间想到的就是阿里巴巴要在 2014 年大干特干了，它会在这一年给我们带来更多的惊喜和震撼。马云在 2002 年推出诚信通，算得上是阿里金融的最初萌芽。2002—2014 年，马云带领着阿里巴巴一直在决战金融，打造自己的金融帝国。

马云曾经说：“金融行业也需要搅局者，更需要那些外行的人进来进行变革。”而他就是这句话最忠实也是最成功的践行者。他带领着阿里金融帝国在金融行业攻下一个个炮塔，拿下一座座城池，阿里金融帝国的版图也在市场需求中渐次展开。

尤其是进入2014年，马云带领阿里金融帝国挺进金融界的速度不断加快，并进行了一系列令人眼花缭乱的变革和收购、入股狂潮。

2014年3月11日，阿里以62.44亿港元认购文化中国扩大后已发行股本的60%；3月31日，阿里以53.7亿港元战略投资银泰商业；4月21日，马云还以个人名义投资华数传媒。分析人士认为，华数传媒对于阿里的价值在于广电牌照，而文化中国也可以看作是阿里向内容的下游延伸。

2014年4月28日，阿里巴巴和云锋基金又以12.2亿美元购得优酷土豆A类普通股7.21亿股，阿里巴巴持股比例为16.5%，云锋基金持股比例为2%。马云还委派阿里巴巴的CEO陆兆禧加入优酷土豆董事会。

这种种举动，无不印证了阿里金融帝国加速布局的文化产业及数字娱乐产业的战略意图。要知道，未来是数字网络信息时代，文化产业及数字娱乐产业都蕴含了巨大的掘金潜力，这将会给阿里金融帝国带来巨大的财富和海量的数据，无疑会使阿里金融帝国更加稳固。

如今，阿里金融帝国已经从单纯提供支付功能到小额贷款，再到虚拟信用卡、余额宝理财以及如今的“娱乐宝”“招财宝”平台理财服务，它的触角正在全方位、多层次、宽领域地延伸，甚至不留任何死角，不断上演跨界风暴。

2014年4月5日，阿里巴巴旗下支付宝发布消息称，余额宝将与中国电信合作，推出“0元购机享收益”项目。很多人乍一听并没有明白这个项目的意思，不过支付宝随后又给出了具体释义。

余额宝用户授权在账户中冻结一定数额的资金，就可以免费获得相应的手机。这部分冻结资金在冻结期间仍能有正常的余额宝收益。当然，不同手机要求的最低消费套餐费用需要正常支付。

以最近销售异常火爆的红米手机为例，余额宝用户如果通过这一项目购买，只要选择每月最低消费99元，并且承诺在网两年。等用户确认授权后，余额宝会冻结此用户余额宝账户里的1 000元作为承诺担保。合约期内，被授权冻结的1 000元仍旧会源源不断地产生收益。合约期满后，被授权冻结的1 000元自动解冻。

这一项目让很多支付宝用户陷入一种疯狂尖叫的状态，谁说天上没有掉馅饼的事，这不就是嘛！不过阿里金融帝国的这一举动，也让业界产生了极大的震动。阿里巴巴到底还要怎么玩？对于这一庞大且有垄断潜力的金融帝国，国有银行都为此心焦不已，夜不能寐。因为这是继前几天支付宝官方确认可以通过支付宝购买TESLA（特斯拉）汽车后，再次抢占传统银行业务的又一举动。

我们甚至可以这样理解，对于阿里金融帝国来说，只有想不到的，没有做不到的。只要有机会，或者对方有漏洞，它就会见缝插针、费尽心思地进行布局，蚕食传统金融行业的地盘。

马云的金融野心到底有多大，或者说阿里金融帝国的版图有多大？很多人都知道非常大，但大到什么程度谁也难以说明。不过阿里金融帝国的版图绝不仅局限于中国，它的目标是世界，它要颠覆世界传统的金融体系。

2014年5月3日我在浏览新闻的时候，看到了一则非常震撼的消息：中国在线金融结算服务企业阿里支付宝正式进入韩国离线结算市场。这一消息不仅让我们国人振奋不已，也让韩国信用卡业界颇为紧张，并对阿里支付宝的动向保持高度关注。

这无疑是一个好兆头，象征着阿里金融帝国的触角已经伸向国外，开始正式向世界延伸。

2014年5月7日，阿里巴巴集团正式向美国证券交易委员会(SEC)提交了IPO(首次公开招股)招股说明书，计划在纽约证券交易所或纳斯达克全球市场上市，拟筹资10亿美元。和阿里巴巴集团合作的承销商主要有摩根士丹利、摩根大通、高盛、德意志银行、瑞士信贷、花旗集团。

虽然阿里巴巴还未成功上市，但这只是时间问题。并且我们可以从与阿里巴巴集团合作的承销商名单中，看出阿里金融帝国的实力究竟处于什么水平。要知道，这些承销商都是世界级的金融巨头，它们愿意与阿里巴巴集团合作，说明它们对阿里金融帝国充满信心。

如今，靠电商业务独步青云的时代已经成为过去时了，这是一个集移动时代、社交时代、数据时代于一体的互联网金融时代，一个崭新的时代，而阿里金融帝国无论从哪一方面讲，都是这一时代的绝对拥趸。而这正是阿里金融帝国的可贵之处，它将凭借这一点，自信地拥有走向世界、引领21世纪金融新潮流的资本。

第六章

P2P 网贷：金融脱媒的颠覆性创新

P2P 网贷作为一种金融脱媒的颠覆性创新，它无疑为互联网金融注入了更多的活力和生机。但是，在它波澜壮阔的表象下面，也蕴藏着无尽的暗流汹涌。它作为互联网金融的一种创新模式，能为我们带来机遇，也能为我们带来风险。所以，如何把握机遇，规避风险就成了最重要的命题，这也是本章所要探讨的重点所在。

P2P 网贷是什么

P2P 是英文 Peer-to-Peer 或者 Person-to-Person 的缩写形式，即点对点、人对人。P2P 网贷，其实就是 P2P 网络贷款，是指个人或法人通过独立的第三方网络平台相互借贷。而在一些行业，人们为了更形象化地形容 P2P 网贷，还将它称为人人贷。这种叫法在融资担保行业更为盛行。

要了解 P2P 网贷，还得先从 P2P 借贷说起。其实 P2P 借贷很早之前就已经存在了，它是民间非常常见的一种借贷方式，简单一点说就是甲从乙手上借一笔钱，过段时间后还给乙并支付给乙一定的利息。但是 P2P 借贷也存在一定的局限性，就是只限于熟人之间。对于那些需要钱但又不认识有钱熟人的借贷者，几乎就没有了借到钱的可能。

随着互联网技术的发展和网络环境的日益成熟，P2P 借贷也逐渐从民间走向了网络，这就是 P2P 网贷发展的由来。

2005 年 3 月，Zopa 网站开始在英国伦敦运营，标志着基于网络的 P2P 借贷模式的诞生也就是 P2P 网贷。Zopa 网站应该是世界上首家 P2P 网贷平台，它当时只是在网络平台上提供信息展现、交易撮合和信用评估服务，并不参与双方的交易。借款人通过 Zopa 网站发布自己的借款需求，平台根据借款人资料对其进行信用评级，出借人看到公开展示的借款信息后，可以根据借款人的信用等级、借款金额和借款时限以贷款利率竞标，利率低者胜出。

Zopa 网站首创的 Zopa 网贷平台可谓开了历史先河，它给整个世界带来了极大的推动作用。因为从它之后，越来越多的国家也开始引入这种模式。2006 年 2 月，美国首家 P2P 网贷平台 Prosper 开始运营，随后 P2P 网贷平台在美国如雨后春笋一般迅猛增长。2007 年 8 月，我国第一家 P2P 网贷平台“拍拍贷”也在上海成立，自此也拉开了我国 P2P 网贷平台的序幕。

这里我主要把角度面向我国的 P2P 网贷平台。

我国的 P2P 网贷平台和外国的 P2P 网贷平台模式差不多，可以说是对外国模式的一种引用和借鉴，它同样起的是中介平台的作用。也就是说，资金的供需双方在 P2P 网贷平台提供的网络环境中建立直接的借贷关系。

在 P2P 网贷的整个过程中，主要涉及三个基础参与方，即借款人（筹资者）、P2P 网络借贷平台、出借人（投资者）。网络中的每一个参与者都可以成为借款人或出借人，只需通过网络进行信息交互流通，双方在公平的基础上建立一定的规则，对金额、期限、利率、风险等因素进行合理匹配，然后签署具有法律效力的电子合同，双方的借贷关系就形成了。

对于 P2P 网贷平台的详细交易流程，这是大家最为关心的问题。在 P2P 网贷过程中，借贷双方首先需要在 P2P 网贷平台上进行注册并建立账号，这是最为关键的一步，不进行注册的话，你就没有交易资格。

注册完成后，借款人向平台提供身份凭证以及资金用途、金额、接受利息率幅度、还款方式和借款时间等信息等待平台审核。平台审核通过后，借款人的相关信息即可在平台上公布。而投资者可以在平台上发布的借款人项目列表，自行选择借款人项目，自行决定借出金额，实现自助式借贷。

P2P 网贷基础参与方的主要行为及关系如表 6-1 所示。

我国的 P2P 网贷平台对于贷款利率的确定一般有三种模式：一种是平台给出利率指导范围，由贷款人自行决定比例；一种是平台根据借款人的信用水平决定其借款利率，信用等级高的借款人可以得到较低的利率，而信用等级较低的人则会被规定较高的利率；还有一种是贷款利率的确定根据出借人投标利率的范围而确定，投标利率最低者获得签订借贷合同的资格，这种模式和前面的 Zopa 网贷平台是一样的。

表6－1 P2P网贷基础参与方的主要行为和关系

步骤	P2P网络借贷平台	借款人	出借人
第一步	制定一定规则	提交信用审核材料，明确借款需求要素	注册成为平台会员
第二步	审核信用，发布需求	等待资金对接	筛选符合自己风险收益、偏好的借款需求
第三步	确定借款利率	签订电子合同	签订电子合同
第四步	收到款项	办理放款手续，签订电子合同并收取相关费用	投资成功，等待还款
第五步	监督还款及各类费用支付，追讨违约项目	分期或者到期偿还	收回投资

通过我在前面的讲解，大家应该可以看出在整个交易过程中，基本上没有银行什么事情了，确实是这样。P2P网贷其实就是金融脱媒。什么是金融脱媒，有些人或许不太清楚，在互联网金融时代，懂得金融脱媒的含义非常重要。这里我给大家普及一下知识。以往个人或企业借款的传统途径是通过银行等金融机构来实现，出借人将存款汇集到银行，然后银行作为媒介寻找借款人并放款。但P2P网贷，它直接绕过银行，通过自己在网络上打造的借贷平台，直接将出借人的资金借给需要借款的人。这就是金融脱媒。

P2P网贷这种金融脱媒的性质使其一下子成为互联网金融时代的旗帜，因为它让更多的人获得了贷款和投资的权利，非常符合互联网“开放、平等、协作、分享”的精神，因此也更加受到人们的认可和青睐。并且，相较于原先传统的借贷模式，P2P网贷具有以信用为基础、发起灵活、金额较小、利率较高等特点，它可以更好地服务那些暂时缺乏资金，一时又难以融到资的小微型企业或者个人，也能为那些投资者赚取更高的利息。

但是，任何事物都不会是完美无缺的，有优点，自然也会存在缺点，更何况是P2P网贷这种新生事物。对于P2P网贷存在的问题，我会在接下来的章节中进行详细讲解。

P2P 网贷新人的投资 5 问

如今，P2P 网贷以其超高的收益率风靡投资界，很多人如果还打算把资金投到房地产上，肯定会受到一些精明的投资者的笑话，因为从目前的状况看，投资房地产远没有投资 P2P 网贷划算，并且投资房地产的资金量非常大，周转也非常慢，这都使房地产投资成了鸡肋。

而如今随着互联网金融的声势越来越浩大，P2P 网贷投资也开始成为众多投资者的首选，因为除了那些互联网金融“宝宝”， P2P 网贷可以算是最火的投资行业了，并且它的收益率要比“宝宝”军团高得多。这也促使很多以前从未接触过 P2P 网贷的人纷纷试水，但由于对 P2P 网贷的一无所知或知之不详，他们在投资前产生了很多疑问，这些疑问困扰着他们在 P2P 网贷投资的决策。

很多人都向我咨询过 P2P 网贷的投资学问，有位客户甚至忧愁地说：“坚老师，那些没钱的人整天发愁，而我又不缺钱怎么也愁得不行啊。把钱放银行卡里吧，相当于贬值；放余额宝里吧，银行又限制余额宝的转账额度；投房地产吧，现在房地产的前景不明，真怕被深度套牢，并且房地产资金周转太慢，不符合我的要求；投资 P2P 网贷吧，虽然听着利率不错，但又怕出现老赖，钱全打了水漂。”

这位客户的话非常有代表性，因为任何人都希望在 P2P 网贷投资上获得高收益，并且把风险降到最低。下面我就通过回答 P2P 网贷新人投资最关心的五个问题，来帮助大家从菜鸟蜕变成高端大气上档次的投资家。

1. 投资 P2P 网贷平台需要哪些必备条件？

投资 P2P 网贷所需的条件很简单，除了我在前面讲过的需要在 P2P 网贷平台上进行注册外，再准备一张开通网银的银行卡就可以了，任何银行的卡都可以。当然，卡里必须有资金才行。

2. 通过 P2P 网贷投资可以达到多大的收益？

关于 P2P 网贷投资的收益率是所有人都关心的问题，毕竟投资就是为了收益。其实 P2P 网贷平台上给出的收益率并不固定，不同的平台、不同的借款人都会引起收益率的变化。不过从目前的行情来看，P2P 网贷的投资收益率一般在 8% ~ 45%。

一般比较保守的 P2P 网贷平台年收益率为 8% ~ 10%，稍有风险的网贷平台年收益率为 10% ~ 20%，投资风险较大的网贷平台年收益率为 20% ~ 30%，投资风险很大的网贷平台年收益率为 30% ~ 45%。P2P 网贷有一个风险定律，就是收益率越高，风险越大。如果你想要高收益率，就得做好血本无归的打算。所以我绝不建议大家投资收益率高达 20% 以上的项目。

3. 投资新人应该选择哪些网贷平台？

我国的 P2P 网贷平台目前的规模已经达到了几千家，其间鱼龙混杂，加之缺少全方位的监管，所以有的平台随时可能出现倒闭、卷款跑路、借款人是骗子等现象，这就给 P2P 网贷平台增加了很多不安全因素。在这种情况下，选择一个安全性较高的 P2P 网贷平台就显得非常重要。

我的建议是选择那些知名度高且运营时间长的平台。这类平台虽然收益率较低，但基本上可以做到保本保息，安全性最佳。千万不要贪心不足蛇吞象，为了高收益去选择安全性较差的平台，那样只会自食苦果。

从目前的 P2P 网贷发展情况来看，一般“出借人”的收益率在 10% 左右比较靠谱的。收益率再高的话在投资时就需要特别注意了。这里我给大家推荐几个比较有名的 P2P 网贷平台：宜信普惠、冠群驰骋、汇中财富等，这几家的放贷量都非常大，并且信誉度也不错。

表 6-2 是我根据国内各个 P2P 网贷平台年放款额度做的排名。大家可以在选择 P2P 网贷投资平台时参考一下。

表 6-2　国内 P2P 贷款平台前十名

排名	名称	年放款额度 / 亿	放款地域	贷款模式
第一名	宜信普惠	300	全国	线上和线下
第二名	冠群驰骋	60	全国	线上和线下
第三名	汇中财富	35	全国	线上和线下
第四名	融宜宝	30	全国	线上
第五名	红岭创投	26	深圳	线上
第六名	信而富	20	全国	线上
第七名	拍拍贷	18	全国	线上
第八名	东方富通	15	北京	线上和线下
第九名	贷帮网	9	全国	线上
第十名	易贷网	5	全国	线上

4. 什么是 P2P 网贷平台“黄牛党”？

P2P 网贷行业里也有黄牛党？没错，不仅有，并且还不在少数。黄牛党是一个生命力非常顽强的群体，凡是有利可图的行业，都会出现其身影。而 P2P 网贷平台上的黄牛党就是用自己的投资作为担保，发布借款标，然后高息放出，赚取差价的投资人。简单一点地说，就是 A 在平台上借到 B 的钱，给 B 支付 8% 的利率，然后 A 再把借到的钱以 10% 的利息借给平台上的 C，A 在这一来一往间，就赚到了 2% 的利息，可以说是空手套白狼。所以如果你识别出了借款人是黄牛党，最好不要将钱借给他，因为他可能拿着你的钱去投资其他风险性更高的项目。一旦出现亏损，你的资金也很难再收回来。

5. P2P 网贷平台老赖会不少，如何识别并避开？

新人在投资 P2P 网贷时，如果第一次就遇上老赖，那就倒霉到家了，这样不仅自己的钱收不回来，还会打乱自己的资金周转计划，更重要的是影响自己对 P2P 网贷投资的看法。所以，如何识别并避开老赖就成为非常重要的一件事。

根据我对 P2P 网贷领域发生的各种违约事件的研究和分析，以及结合我个人的经验，总结了以下对策：

（1）优先投大额标，因为这种标 P2P 网贷平台的工作人员基本都会进行现场考察，安全性比较高。

（2）观察借款人信用，逾期笔数越少、逾期天数越少的说明其信用比较好，可考虑优先投标。

（3）制定合适的投标顺序：秒标——净值标——抵押标——信用标——担保标，依次选择。

（4）三种借款人要远离：频繁地在平台上借钱的，又无合理目的描述的借款人要远离，因为这种人要么是投机者（黄牛党），要么就是准备恶意赖账的老赖；借款利率高，且借款周期超过三个月，又无合理目的描述的借款人要远离；准备将筹资用于地产、炒房、炒股等领域的借款人要远离，因为地产、炒房、炒股都是风险性极高且回款速度慢的行业，一着不慎就会满盘皆输，借款人一旦亏损，就无力偿还借款。

总之，P2P 网贷投资的利率虽然比较诱人，但是其风险性也比较大，P2P 网贷新人在投资时一定要谨慎，只有多考察、探寻，并不断地总结经验，吸取他人的教训，才能把P2P 网贷投资的风险降到最低，避免自己陷入投资陷阱。

险象环生的 P2P 网贷行业

自 2007 年 8 月我国第一家 P2P 网络借贷平台拍拍贷正式成立后，关于 P2P 网贷平台的新闻就一直没有中断过，但由于起步初期，P2P 网贷平台并未赢得社会的广泛认可，加之，政策和环境的双重限制，P2P 网贷一直发展缓慢，所以当时出现的问题并不多。到了 2010 年，P2P 网贷领域才开始真正热闹起来。

一时间，各种各样的 P2P 网贷平台开始相继出现。尤其是“陆金所”的成立，让人们开始正确看待 P2P 网贷了，并且越来越多的企业和个人开始加入 P2P 网贷行业了。

> 2011 年，中国平安集团投资 4 亿元成立了“上海陆家嘴国际金融资产交易市场股份有限公司”，业内人士将其简称为“陆金所”。“陆金所”专门为市场提供 P2P 网贷平台服务，我到今天还认为，正是“陆金所”的成立，成为中国 P2P 网贷行业发展的助推器。因为中国平安有着巨大的市场影响力和品牌价值，它旗下的“陆金所”作为 P2P 网贷平台，自然会在很大程度上打消了很多创业者和投资者的顾虑，也使人们不再负面地看待这个行业。也就是说，“陆金所”为 P2P 网贷行业正名了。

从 2012 年开始，我国 P2P 网贷平台的发展进入了爆发期。到了 2013 年 9 月，P2P 网贷平台更是以每天 3 ~ 4 家上线的速度增长。这是一个非常可怕的增长速度，因为在疯狂的扩张背后，必定会埋下很多隐患。

果不其然，P2P 网贷平台由于监管缺失、借贷双方信息不对称、没有合作的金融担保机构、恶意圈钱等各种各样的原因，造成这一行业的险象环生，警钟频传。

2012 年以来，淘金贷、优易网、众贷网等平台相继爆出资金挪用、线下私自放贷、跑路破产等丑闻。尤其是进入 2014 年，P2P 网贷行业更是令人提心吊胆。就拿 1 月份来说，1 月 3 日，广融贷出现风险，该平台宣布解除平台所有标，并且不再发标，主要是出现提现困难，涉及资金 2 000 万元；同样在 1 月份，杭州国临创投、深圳中贷信创、上海锋逸信投三家 P2P 网上借贷平台同时倒闭，平台的实际控制人已经卷款潜逃，不知去向，被卷跑的资金数额至少在 1 亿元以上。

其实我列举的这几个 P2P 网贷平台所涉及的资金还不是大数额，后面还不断有其他平台在刷新这一最大数额。据我所知，进入 2014 年以来，在短短 4 个多月的时间里，全国至少有 30 家 P2P 网贷平台出现问题，沿海民间资本活跃地区成为跑路、问题平台重灾区。光北京的中欧温顿与浙江的中宝投资涉及的资金量就分别高达 4 亿元和 3 亿元。还有 2014 年 4 月中旬，我国最大 P2P 平台宜信公司被曝出 8 亿元坏账传闻，虽然宜信迅速反驳，但这还是让人们看到了 P2P 网贷行业中的暗流汹涌。

P2P 网贷平台除了在问题资金规模上不断刷新纪录，在发生险情的时间上也不断刷新着纪录。

湖北的富豪创投、广东的中 e 邦达、陕西的贵福财富、四川的天府投资、上海的卓忠贷、山西的投资传奇等平台，它们从正式上线到出现问题分别只有 89 天、76 天、53 天、43 天、16 天、11 天。而深圳的元一创投在 2014 年 3 月 13 日正式上线，仅过了一天，网站便无法打开。该平台通过秒标圈钱，开业 1 天负责人就跑路，创下 P2P 网贷平台倒闭速度的最新纪录。

提现困难、限制提现、停止运营、资不抵债、卷款跑路等众多险象都让P2P网贷行业显得风雨如晦、鸡鸣不已，这也直接导致了越来越多的投资者对P2P网贷行业的望而却步。其实出现这种情况我并不意外，因为在互联网金融日益成为主流的当下，P2P网贷作为互联网金融的重要分支，它势必也要面对日益正规化的市场环境，以及越来越大的监管力度，而这自然会加速行业洗牌，那些实力不济的P2P网贷平台势必要被淘汰出局。所以我断定未来还会有更多的P2P网贷平台倒闭。

无疑，不管哪个P2P网贷平台出现问题，最后受伤害的都是投资者。

李晨长期在我们公司创办的几个网站上投放广告，可以说是我的忠实老客户，他开办了一家IT公司，虽然规模不是很大，但每年也有二三十万元的收入。2014年年初的时候他对我说想在P2P网贷平台做投资，说有70万元的闲钱，希望我帮他选一个比较靠谱的平台。我让他别着急，等我认真考察下后再给他回复，毕竟70万元不是个小数目。

谁知李晨太心急，第二天听一个朋友说有家网贷平台急需钱，开出了高达25%的收益率，李晨禁不住朋友的怂恿，加之无法抗拒25%的收益率，就把钱投了出去。当我得知这件事时已经晚了，我告诉他有可能掉入陷阱了。果不其然，一个月后，李晨不仅没有收到月利息，还得到了该平台的负责人已经卷款跑路的噩耗。

在险象环生的P2P网贷行业，有李晨这种遭遇的人绝不在少数。造成这种现象层出不穷的原因是P2P网贷行业存在“三无问题”，即无准入门槛、无行业标准、无机构监管。所以，要杜绝这种险象环生、令人担惊受怕的状况出现，就必须从根源上解决问题。

首先是设立准入门槛，明确法律性质，确定监管主体。这样就可以把资质不够又想浑水摸鱼的企业排除在外，也可以对一些不法平台起到震慑和管控作用。然后实行第三方资金托管，实行清结算分离的管理模式。这样就可以大大降低平台负责人随意挪用客户资金或者卷款跑路等事件发生的概率。

最后就是完善社会征信系统，实现信用信息共享。虽然这是一个比较浩大的工程，但对于 P2P 网贷行业长久、平稳、有序地发展绝对是一件有百利而无一害的事情。这样就不仅可以对违法平台起到震慑作用，还可以让那些借贷者增加违约成本，使他们不敢轻易违约。

当然，打造一个良好的 P2P 网贷投资环境，主要还要靠平台负责人和政府部门，而我们这些普通的投资者，只能在投资时谨小慎微，把投资风险降到最低。不过大家也不用太过担心，未来的世界互联网金融是主流，而 P2P 网贷作为互联网金融的创新形式，它对未来金融服务的改革发展有着重要的借鉴意义，并且承担了活跃民间金融的重任，所以它一定会在行业洗牌结束后步入投资的黄金期。

在刀尖上跳舞的信用卡 P2P

2013 年年底的时候，一则新闻展开了我和学员、客户之间关于信用卡 P2P 的话题。那则新闻说的是广州警方破获一起重大信用卡套现案件。两名犯罪嫌疑人利用 POS 机为他人非法刷卡套现，在不到一年的时间里套现金额高达 2.6 亿余元人民币，严重危害了银行利益，违反了相关法律。

无独有偶，2014 年 4 月济南市公安局也开始针对 POS 机非法套现犯罪活动开展集中打击行动。全市共打掉窝点 12 个，总涉案金额 1.68 亿元，挽回经济损失 1 700 余万元，抓获犯罪嫌疑人 17 人，收缴涉案 POS 机 24 台。

这些人把套现出来的钱都用到哪去了呢？如果是要购买东西，直接用信用卡刷卡就可以了，何必要大费周章地套现呢？其实，不少人把信用卡里的钱套现后，直接投资到了 P2P 网贷平台，这就是我所要讲的信用卡 P2P。

很多了解信用卡 P2P 的人，都知道这是一种投机取巧的行为，有着打法律擦边球的嫌疑。所以我在这里首先要声明我的观点，我是绝不赞成大家进行信用卡 P2P，因为这种行为存在的风险远远大过了它带给我们的收益。

大家首先来了解一下信用卡 P2P 的投资模式。据我所知，这种模式主要有三种：

第一种模式是直接在 P2P 网贷平台操作。目前我国众多的第三方支付都支持信用卡充值，这就给信用卡 P2P 的人提供了便利，他们会通过第三方支付机构将信用卡里的钱直接充值到网贷平台上的借贷者账户中，从而进行投资。当第三方支付机构不支持信用卡充值时，他们会采用第二种模式。

第二种模式是利用第三方支付机构的漏洞套取资金进行P2P。不少第三方支付机构都为用户设置了自己的私人账户，比如支付宝的余额宝、微信支付的财付通等，这些私人账户都支持信用卡直接向账户进行充值。不少人就根据这一漏洞，将信用卡里的钱充值到私人账户中，然后提现到借记卡，再用借记卡的钱进行P2P投资。

第三种模式是申请POS机刷信用卡。这种模式涉及的过程比较麻烦，但却依然受到很多人的追捧，尤其是在前两种模式行不通的情况下，这种模式就更成为一种主流。进行信用卡P2P的人会通过购买POS机自己来套现，或者找专门持有POS机的人来套现，然后他们再把套现的钱充值到自己的第三方账户中，从而进行信用卡P2P。

或许一些读者在看了我讲的这三种模式后,会产生一种茅塞顿开的惊喜，心里不禁会说："我以前怎么就没有想到这么容易的赚钱方式呢！"没错，看起来这种空手套白狼的生财方式很"容易"，但在这"容易"的背后，却暗藏了很多风险，就好像在刀尖上跳舞，一个不小心，就会给自己招来祸端。

根据我对信用卡P2P的研究，我把它的风险大致分为五类：

1. 法律风险

在信用卡P2P可能造成的五类风险中，法律风险无疑是最大的风险，因为没有什么比受到法律制裁、失去人身自由更严重的事情了。所以，法律风险无疑成为信用卡P2P危害性最大的风险。银行目前在严厉打击信用卡P2P行为，这就导致某些信用卡P2P行为有可能触犯法律。

比如银行明确禁止的POS机刷信用卡的行为。一旦银行发现投资者以虚假理由申请POS机，并长期持续进行大金额的POS机刷信用卡套现行为，银行将会第一时间注销投资者的信用卡，并以涉嫌非法套现、金融诈骗等名义将其起诉到法院，投资者也将受到法律的制裁。这是非常得不偿失的。我在本节开篇提到的案例就是最好的证明，所以我建议大家千万不要以身试险，那样实在是得不偿失。

2. P2P平台风险

根据上一节"险象环生的P2P网贷行业"的内容，大家可以得知P2P网贷平台的“三无问题”造就了 P2P 网贷平台鱼龙混杂的局面，所以，这就给我们在进行信用卡 P2P 时带来了很大的风险。

我从一个在银行就职的朋友那里得知，截至 2013 年年末，我国信用卡逾期半年未偿信贷总额达到 250 多亿元，同比增加 100 多亿元，增幅超七成，其中很大一部分都是由于信用卡 P2P 投资失败而没钱偿还造成的坏账。

如果有人执意要进行信用卡 P2P，就必须要意识到 P2P 平台风险可能会给自己带来的损失。并且在选择 P2P 网贷平台投资时，一定要选择平台实力较强、风控能力出色的平台。此外还要注意最好不要“把鸡蛋全放在一个篮子里”，如果将所有信用卡套现的钱投资在同一个平台上，这样无疑会使风险加剧。

3. 信用卡偿付风险

一旦 P2P 平台风险变成现实，就会直接导致信用卡偿付风险的发生。试想一下，你将信用卡里的钱投资到 P2P 平台上，如果从平台获得收益了，那这些收益就可以被你用来偿还信用卡，但如果 P2P 平台出现问题，比如禁止提现、卷款跑路，那你的投资就相当于打水漂了。你还拿什么来偿还信用卡呢？

学员马涛上个月告诉我，他去年托关系办了三张信用卡，透支额度都是 5 万元，他将透支的 15 万元全部投资到了一家 P2P 网贷平台，结果不到一个月，这家平台因为资金断裂而倒闭，马涛不仅没有赚到一分钱，还将 15 万元打了水漂。同时还要支付每个月 2 000 多元的信用卡利息，由于篓子捅得太大，一时塞不上窟窿，导致他的生活一下子陷入了窘境，他也为此后悔不迭。

如果执意进行信用卡 P2P，那就必须首先正视这个问题，事先做好准备，一旦投资失败，要确保自己有能力及时偿还信用卡欠款。此外，当风险发生时自己确实无力偿还，那必须想办法及时偿还每月的最低还款额，这样一来可以避免信用卡产生不良记录，二来可以避免高额罚息，不至于给自己造成更多的恶劣影响。

4. 信用卡额度调低风险

我发现有些人有时候表现出来的意志非常执着，但却不愿意把自己的执着精神用在正当途径上，反而喜欢用在旁门左道上。一个朋友因为使用信用卡进行 P2P 投资被银行发现，银行在第一时间就将他的全国商业银行信用卡额度从 5 万元调低到 3 万元。可朋友不知悔改，依然执着地使用信用卡进行 P2P 投资，结果在 2014 年 3 月又被银行调低了信用卡额度，这次被降低到 5 000 元。这不仅让朋友断了“生财”的门路，还给他平时的购物带来了很大的不便，此时他才后悔不迭。

如今银行信用卡管理部门已经注意到了信用卡 P2P 投资这一投机行为，并且已经开始对信用卡使用方式进行测评，一旦发现信用卡连续大额套现或疑似通过网站投资的行为，就会对投资者进行制裁，最直接的手段就是调低信用卡额度。

5. 不良信用记录风险

无论信用卡 P2P 投资者遭遇了前面的哪种风险，都会经过连锁反应进而演变成不良信用记录风险。在互联网金融时代，信用将会成为最值钱的东西，它发挥着一种隐形担保作用。如果我们一旦产生不良信用记录，就会被打上“欺诈者”“不守信者”的不良印记，这些将会给我们的生活带来很大的不便。

比如说，你在银行留下了不良信用记录，银行会将你列入“不诚信者”或“黑名单”行业，这将直接影响你的房贷、车贷、小额贷款等资格，要么银行直接拒绝为你提供贷款，要么让你支付的利息比其他信用良好的贷款者要高得多。所以这是得不偿失的。

或许有些人会心怀侥幸地说：“我可没有那么倒霉，风险怎么会偏偏发生在我身上，哪有这么巧的事情。”其实，在 P2P 网贷行业发展还不够完全成熟的当下，风险非常有可能发生，并且那些投资回报率极高的项目，发生风险的概率更大，这对于有着“富贵险中求”心理的朋友来说无疑是一种赌博。一旦“中招”，残局就必须由自己来收拾了。所以，远离信用卡 P2P，无疑最明智的选择。

第七章

众筹：一场静悄悄的金融革命

众筹的最大特色就是为梦想而生。众筹模式因为自身多了一种理想主义的情感因素，使其与那些看趋势统计、做各种数据分析和追求投资回报的纯投、融资模式有了根本性的不同，因为它身上散发的扶持他人梦想的力量更符合互联网精神中“分享”这一特性。并且，众筹这种新颖、灵活、快速、开放的融资模式已经获得了众多小微企业和普通大众的青睐，甚至被冠上了“互联网金融颠覆性创新”的美誉，这些都决定了它未来无限的生存空间。

众筹是什么？

众筹这一新型互联网金融模式进入我国的时间还不足3年，还算是一种地地道道的新生事物，所以除了那些经常关注互联网金融理财的人外，大多数人都还不是特别清楚众筹是什么。如果你在2013年不知道众筹,这也不奇怪,但随着2014年互联网金融时代的开启，如果你还不知道众筹或者不清楚它的运作原理，那就说明你太滞后了，已经明显跟不上互联网金融时代的步伐了。

众筹模式是舶来品，它是由美国一家名叫kickstarter的网站发明的，该网站通过搭建网络平台面对公众筹资，让有创造力的人可能获得他们所需要的资金，以便使他们的梦想有可能实现。也就是说，众筹最初是艰难奋斗的艺术家们为创作筹措资金的一个手段。在国外，人们都用英文“crowdfunding”表示众筹，意思是大众筹资或群众筹资。

当众筹模式引入我国后，由于地域性和文化差异，人们对于它的叫法也各有不同，在我们内地叫众筹，在我国香港叫群众集资，在我国台湾叫群众募资。但不管哪种叫法，它的含义都是相同的，主要是指以感谢、实物、作品、股权等作为回报形式，通过互联网平台向公众或特定的人群募集项目资金的新兴融资方式。一般由发起人、支持者、平台构成。具有低门槛、多样性、依靠大众力量、注重创意等特征。

2014年4月25日，由零壹公司主办的“中国互联网金融论坛暨《众筹

服务行业白皮书2014》发布会”在北京举行，来自国内的主要众筹平台与监管部门的十多位嘉宾出席了此次会议，我也有幸和一些众筹从业者以及关心众筹发展的100多位人士参加了这场发布会。

在这个论坛上，零壹公司CEO柏亮以极其简练的语言总结了众筹的优点，我觉得他的话对一些不了解众筹的人很具有启发性。他说：“众筹是一种发现创新、实现创新的良好基础。以前我们的创业创新都要通过层层的标准化程序，才有出头之日，很多有创造性的东西被扼杀在萌芽状态。众筹这种方式是把我们的创造力、我们的创意和产品非常直接地摆在市场上，面向市场。它通过互联网把原来非常分散的消费者、投资人挖掘出来、聚拢起来。以前要把这些零散的人聚集起来的成本非常高，现在这个成本非常低。它为创意、创新、个性化的产品找到更多的适销对路的市场。”

我们从柏亮的话中可以看到众筹自身的特色，它作为一种创新模式，为很多人提供了圆梦的机会。下面我给大家讲一下众筹的运行规则。

众筹首先是在一个平台上进行的，这个平台就是众筹网站。众筹网站会要求每个众筹项目必须设定筹资目标和筹资天数，在设定的天数内如果达到或超过了筹资目标，那这个项目就算成功了，发起人就可以获得资金；如果在设定的天数内没有达到筹资目标，那这个项目就算失败了，已获得的资金要全部退还给支持者。

何谓发起人？就是筹资者，是指那些有创造能力但是缺乏资金的个人或团体（企业），也就是融资过程中需要资金的一方；何谓支持者？是指那些对发起人的创意或回报感兴趣并且愿意给予帮助和支持的个人或团体（企业），也就融资过程中提供资金的一方。

众筹是在继移动支付、P2P网贷两大互联网金融分支相继迅速成长壮大之后，另一个重要的互联网金融分支。目前众筹在我国经过近三年的发展，已经有几十家众筹平台在成功运营。比如点名时间、众筹网、追梦网等，这里我就不一一列举了。

众筹因为模式的不同而分为不同的种类。目前业界内主要以非股权和股权众筹模式来划分不同的众筹平台。而非股权众筹是主流，股权众筹还在蹒跚探路的过程中，这些我会在后面的章节里讲到。

在我和周围的人交流“众筹模式”时，很多人都因为搞不清众筹和捐款的区别，所以往往会认为众筹其实和捐款差不多，众筹就是把在台面上的捐款搬移到网络上进行。其实两者之间是有本质区别的，捐款是公益性质，是不图回报的，但众筹相当于一种带有感情的投资，它是要求有回报的。严谨一点地说，众筹就是支持者和发起人之间的一场合作。发起人拿了支持者的资金，事成后要给予支持者一定的回报。

2012 年有一个关于众筹的故事风靡网络，这一故事也称为众筹平台上的经典案例。故事说的是有个叫小白的设计师，他发明了一种防水、撕不坏的纸钱包，并打算研发几十种不同的款式在市场上销售，但苦于没有资金支持，这一计划始终无法实现。

无奈之下，他抱着试试看的心理将自己的设计和想法发布到了“点名时间”网站上，并设定了 5 000 元的筹资目标。他在项目说明书仔细罗列了自己给不同支持者的回报：

“支持 1 元：谢谢您的帮助，并在官网的感谢帖中留下你的名字以示感激；支持 5 元：谢谢您的帮助，并在官网的感谢帖中留下你的名字以示感激，活动结束后，会抽取 3 名幸运者赠送最新的纸钱包；支持 69 元：最新的纸钱包一款包邮到家，并在官网的感谢帖中留下你的名字以示感激；支持 120 元：最新的艺术家系列纸钱包一款和常规款式一款包邮到家，并在官网的感谢帖中留下你的名字以示感激；支持 180 元：最新的艺术家系列纸钱包或常规款式任选 3 款包邮到家，并在官网的感谢帖中留下你的名字以示感激；支持 1 000 元：10 款最新纸钱包大礼包，如果您在北京，我很愿意请您吃饭，和您交个朋友。”

令他惊讶的是，几天之后，他就收到了 158 人筹资的 1.36 万元，这着实让他欣喜若狂。

从小白列出的回报方案中我们可以看出，除了支持1元和5元的支持者，都可以得到超过自己支持资金的回报。发起人得到了资金帮助，支持者得到了实实在在的回报，这是一种双赢的合作，也是众筹模式的基本内涵——互惠互利。试想一下，如果小白不打算给支持者提供实实在在的回报，他会收到如此好的效果吗？肯定不会。

从设计师小白的这个故事中，我们就可以看出众筹到底是什么以及它的运行模式如何。关于众筹的运行模式，我觉得它是一种“用草根的力量来完成草根的梦想”的带有情感的互联网金融。如今，越来越多的众筹网站开始闯入我们的生活，成为很多人改变自己生活和命运的跳板。那么，众筹为什么会受到很多人的关注和欢迎呢？这离不开其自身的特性。

（1）门槛低。无论项目发起人的地位如何、职业如何、年龄性别如何，只要有意愿，就可以成为项目发起人。也就是说，任何人都可以成为一名项目发起人。自然，也可以成为一名支持者。

（2）支持者众多。任何具有积极意义的项目，都可以俘获众多支持者的心。只要自己的项目有创意，能博得支持者的好感，或者提供的回报让支持者感兴趣，支持者自然乐意参与其中，为发起人提供资金支持。

（3）具有调研市场需求的作用。发起人将项目发布在众筹平台后，可以通过和平台上的支持者、关注者进行互动，从而获得他们对产品的真实看法。因为他们的看法在一定程度上决定了市场的关注度。如果产品无人问津，说明市场需求不高，如果支持者众多，互动非常热烈，说明产品有着不错的市场需求。

（4）避免尴尬。发起人在众筹平台上筹资时，不用过多依赖自身的人脉资源，这就避免了和熟人借钱时遭遇对方拒绝或躲避的尴尬。

总之，众筹作为一种新兴事物，它以其独特的性质赢得了市场的认可。虽然它还不够完美，还遭到一些人的抵制，但它身上流动的互联网金融血液，会让它在未来的发展中越来越成熟、规范，它也会帮助更多的人实现自己的梦想。

点名时间：中国众筹领域的大哥大

我国第一家众筹网站是在 2011 年 7 月成立的点名时间，运行的是非股份制的众筹模式，经过近三年的发展，如今已经是我国最大的、取得的业绩最棒的众筹平台，许多众筹平台都将其作为中国众筹领域的标杆，不断学习着它的运行方式。

从 2011 年 7 月上线到 2013 年 8 月，点名时间后台接收到的项目申请已经达到 7 000 个，最终有 900 多个项目经过内部审核后上线，其中接近一半的项目筹资成功并顺利发放回报。就在点名时间成立两周年之际，其单月的筹资额已经突破 150 万元。截至 2013 年 4 月，点名时间是国内众筹单个项目的最高筹资金额 50 万元人民币的记录保持者。

这对于一个成立不到三年、还处于成长阶段的众筹公司来说，已经是非常好的业绩了，甚至可以用辉煌来形容它取得的成绩。点名时间作为我国众筹领域的杰出代表，它的运行模式无疑最具代表性，我们只要了解了点名时间，就可以得知中国众筹平台的现状。

下面我们先来看看点名时间到底是怎么融资的。

第一步自然是进行注册，成为点名时间平台的会员，这一步任何人都不可避免。注册成功后，对于需要资金的个人或团队要先将项目策划交给点名时间网的后台，经过后台审核后，便可以在点名时间的网站上建立属于自己的版块，通过文字介绍、图片、视频短片等形式把自己希望实现的创意或梦想展示给公众。在这一过程中，筹资项目的目标金额、筹款的截止日期、对支持者的回报方式等重要内容都需要公示出来。

如果项目非常重要或者有价值的话，点名时间的后台还会适当地对项目进行包装、指导，以确保项目以最好的状态上线，这样可以大大提升项目达标率。

接下来，点名时间后台会采取达标入账的方式，来管理筹集的资金。也就是说，当支持者开始贡献资金时，他们的资金不会直接打给项目发起人，而是由点名时间的后台账户代为保管；如果在规定的时间内项目达标了，后台就会把筹集的资金转给项目发起人；如果在规定的时间内项目不达标，后台会把这些钱物归原主，返还给支持者。

同时，点名时间为了保护项目支持者，防止筹资者在拿到钱后不兑现事先承诺的回报，点名时间的后台账户会先支付 50% 的资金给筹资者作为项目启动资金，等项目完成后，确定支持者都得到了回报，后台账户会把剩下的资金交给筹资者。

这就是点名时间的筹资过程，同时也代表了绝大多数众筹公司的筹资过程（如图 7-1 所示）。

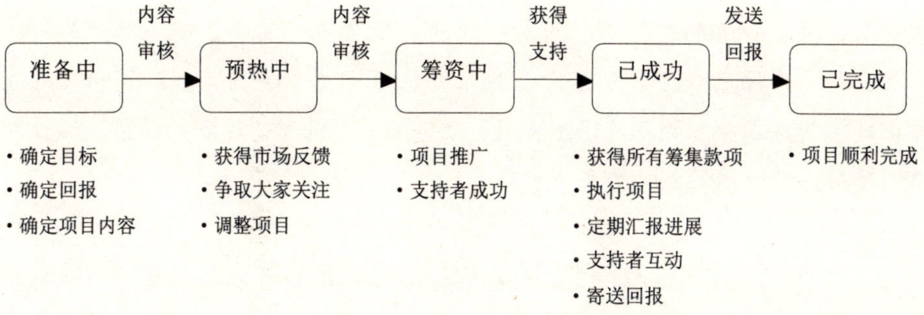

图 7-1　点名时间项目流程图

我在给一些人讲点名时间的运行模式时，有人听完后觉得这也太简单了吧，随便建一个网站就可以干了。说这种话的人，其实并没有深刻理解“台上一分钟，台下十年功”的真正含义。如果真的那么简单，就不会有创意发、好梦网、积木网、点梦时刻等众筹公司关门倒闭的事情发生了。

更何况，有多少有投资经历的商业人士一直把众筹看作一片危机四伏的“雷区”，他们认为众筹可能导致投资人把资金浪费在糟糕的企业或者创业者身上。并且，还专门有一些人在众筹平台上打着众筹的幌子做些骗取投资人资金的勾当，这无疑让众筹平台的管理工作充满了挑战。

我的学员刘勇是一名骨灰级的科技爱好者，他将自己的业余时间几乎全用在研发科技产品上，2013 年他研发出了一种“智能灯泡”，但因为资金短缺，一直无法批量生产和销售。他在朋友的推荐下将这个项目发在了一个众筹平台上，但令人失望的是项目没有达标，紧接着他又换了两家众筹平台，都未能如愿。

我得知这件事后，问他有没有把项目发在点名时间上，得到的回答是没有。于是我让他把项目发到点名时间上试试。他抱着一种死马当活马医的心态在点名时间平台上做了一名项目发起人。本不抱任何希望的他却发现奇迹出现了。

“智能灯泡”的项目一经在点名时间的平台上发布，就受到了很多支持者的热议，他们给刘勇提供了很多中肯的建议，比如建议开放编程接口、配售灯罩、改变灯泡的形状等，刘勇一边和支持者进行互动，一边对产品进行修改，最后产品的模型得到了大多数人的认可。更重要的是，到了项目筹资截止日，刘勇成功融到了 4 万元资金，远超自己设定的 1.5 万元目标。这让刘勇不禁对点名时间的影响力刮目相看。

为什么刘勇在其他众筹平台都没有融到资，而在点名时间却大有收获？实力的差别，就体现在这里。一个项目能否融资成功，不仅在于自己的产品能否打动陌生的支持者，以及回报是否足够吸引人，还在于所选择的众筹平台是否具备实力。

点名时间之所以具备强大的号召力和融资能力，是因为它具备了最重要的两个核心竞争力，即给力的支持者和给力的项目。如今我国的众筹平台数量也开始迅猛增长，都想在互联网金融时代分一杯羹。在这种情形下，要想判断它们的实力如何，只要看看它们凝聚起来的支持者数量和项目优劣就能做出判断。

从目前国内的非股权制众筹平台的表现来看，无论是支持者的数量，还是他们支持的金额，点名时间都要比其他众筹平台更具规模效应，这也相应地形成了优秀筹资项目的集聚效应。如此一来，点名时间的实力就越加强大了。

另一方面，点名时间还在自己的媒体关注度、项目的曝光度、网站的知名度、团队的专业度等方面花费了很大的工夫，因为这些都是打造一个成功的众筹平台的必备“硬件”。如果做不到这些，就很难展示自己的专业性和权威性，自然难以融到资。那些倒闭的众筹平台，都是因为不重视这些“硬件”或没有能力打造这些“硬件”，才导致败走麦城。

除了打造以上这些必备“硬件”，点名时间还给自己设置了明确的红线禁区。

点名时间禁止发起涉及股权分红、贷款还贷、利润分红、版权出售等类型资本运作相关的项目。因为股权众筹是法律禁止的，融资、集资是受到金融监管的，所以点名时间一直坚守这一红线，以确保自己的平台不受法律制裁或整改，因为这样会影响它的声誉和权威性。对自己的发展是一种致命的打击。

同时，点名时间还加强了监管力度，以彰显自己的权威性和震慑力，这样不仅让自己在业界内赢得绝对权威和良好的公信力，还为支持者营造了一种放心的投资环境。

比如说点名时间在平台上的显著位置写着：“项目在点名时间上线期间，不能在中国大陆其他类似的众筹平台同时发布，无论项目是否筹资成功，一经发现将立即下线处理，其项目上线期间所筹得的金额将被立即退回给支持者在点名时间上开立的账户中。”

点名时间在我国众筹领域能像标杆一样屹立不倒，成就自己大哥大的地位，绝不是一种偶然。因为我可以从它身上看到一种关于梦想的力量。它的最终目标是成为一个金融普惠、铸造梦想的平台，帮助更多的人实现自己的“中国梦”。只要它始终坚持这一目标，奋发有为，在不远的将来，它将自己打造成众筹领域的“余额宝”也并非不可能。

解析众筹平台的运营模式

要想全面地了解众筹、认识众筹，就应该了解众筹平台的运营模式。因为不同的众筹平台都有着不同的价值观和目标导向，这就造成了众筹模式的多种多样。根据我国众筹目前的发展状况，我总结出了四种不同的运营模式。

1. 募捐制众筹

简单一点地说，募捐制众筹有点筹资做公益的意味。支持者几乎不会在乎自己的出资最终能得到多少回报。大众作为投资人，与其说是在进行一项投资行为，不如说是在进行一项带有赠与性质的公益行为。

这种模式的众筹是指通过众筹平台支持某个产品或服务，虽然这种模式在形式上和通过电商预购某个产品或服务没有太大差别，但在心理本质上是存在不同的。消费者通过电商购买某种产品看重的是“物有所值”或者“有实际需求”，募捐制众筹模式下的支持者对某个项目的“出资支持行为”则表现出更多的“重在参与”的属性。

在北京东五环边上有一个外来农民工子弟小学，叫博雅小学，里面有1 300名学生，由于环境和经济条件的限制，孩子们并没有外出游玩的机会，更没有接触摄影的机会，孩子们的视野中除了城乡结合部就是拆迁废墟。

2012年，公益组织“三明治”通过点名时间发起了一个叫“新视界”的公益项目，该项目希望收集大家的闲置相机，并通过专业摄影师的志愿力量，把摄影课堂带到博雅小学，让这些家贫的孩子们有机会接触相机和摄影，并为他们办影展。

该项目一下子就募集到了20台相机，但没有开展摄影活动的资金也不行。于是志愿者又在点名时间平台上进行融资。结果令人欣喜，志愿者设定的融资金额为8 000元，最后总共有67名支持者提供了8 980元的资金，该项目顺利达标。

虽然支持者并不会得到什么回报，但传递爱心、奉献爱心，无疑就是一种温暖的情感。这种募捐制众筹模式非常适合公益组织的小额募款。

2013年2月，“月亮孩子走向阳光”公益项目在众筹网正式上线。这是一个叫关禄的西安男人发起的项目，他发起这个项目的目的是打算为50余名白化病患者提供偏光眼镜或袖珍远近观察镜，“给孩子一个光明的世界，让白化病儿童能够在阳光下舒适地活动”，这是关禄的心声。

在没有众筹平台之前，关禄一直是通过基金会募集慈善基金。众筹平台出现后，他在一位朋友的建议下，怀着试一试的想法在众筹平台发起了这个募捐制众筹项目。结果出乎意料，在不到一周的时间内，这个项目就募集到了一万多元的资金支持。我从朋友那里得知这件事后，这个项目还没有结束，为了支持他人的公益事业，也是为了传递爱心，我也提供了300元的资金支持。

虽然受起步比较晚和各种环境的限制，我国目前还尚未形成比较有规模和影响力的募捐制平台。但这也不妨碍利用多元化综合型众筹平台发起公益性募捐，以上的两个案例就很好地证明了这点。并且我也相信，随着众筹的发展，未来这种模式也会成为一种新公益潮流。

2. 奖励制众筹

我在前面讲过的设计师小白的“防水钱包”项目和学员刘勇的“智能灯泡”项目都属于奖励制众筹模式。有些人会说，奖励制众筹模式其实就是团购模式。其实只是看起来相似，本质上并不相同。

相同的地方在于，两者都通过在网络上发布“活动（或项目）”来吸引大众参与者的支持；明确规定所需的支持者人数（或金额）下限和截止期限；在截止期限内达到或超过预设的目标人数（或金额）下限，活动（或项目）方可生效，否则，资金将被返还给项目的支持者。

但不同之处在于，众筹比团购多了一重期货性质。也就是说，众筹更像是一种团购和预购相结合的产物，项目支持者无法在支付后立即获得项目发起者给予的回报。通常需要延后一段时间，时间依据项目的不同性质而定。而这一预购性质，就可以使支持者的资金先产品生产出来到达发起人手中，这使原本无法产生的新产品得以问世。也就是说，众筹这种团购加预购的模式大大提高了生产资金筹备和销售等环节的效率。

同时，支持者在参与众筹的过程中对预期产品的态度或提出的个人意见，都相当于一种真实的市场反馈，这不仅可以帮助发起人更好地对产品进行完善或升级，还可以有效规避发起人因盲目生产所带来的风险和资源浪费。

其实，说白了奖励制众筹就是一座桥梁或一根纽带，它的一头是产品的设计生产者，另一头是市场潜在消费者，它使两者之间可以互相获取信息和交换意见，以及各取所需、互惠互利。

3. 借贷制众筹

在我国众筹领域，采用借贷制众筹模式的典型代表非红岭创投莫属。何谓借贷制众筹？它其实是P2P网贷平台的前身，借贷制众筹模式在经过转型后，就成了P2P网贷平台。借贷制众筹说白了就是利用债权对自己平台上借款企业进行股权投资。

2011年3月，红岭创投的负责人在考察平台运营状况时，发现有一家名叫名媛坊的淘宝商家业绩增长情况非常乐观，并且呈现出一种高速的扩张态势，也就是在这个时候，该负责人产生了利用红岭创投对名媛坊的债权优势入股名媛坊的想法。

名媛坊是一家注册资本为50万元的小微企业，2008年成立，是集自主设计、生产、销售、批发为一体的女装电商企业，到2012年，名媛坊已经在淘宝、京东等电商平台拥有13家店铺。它是红岭创投最重要的借款客户之一，2012年它在红岭创投平台上的借款峰值达到了1 700万元。

面对这一难得的商机，红岭创投的负责人立刻联系到名媛坊的负责人，最后经过一番谈判，红岭创投以50万元买下了名媛坊20%的股份。这就是借贷制众筹模式。

红岭创投之所以能够成功用50万元买下名媛坊20%的股份，这离不开众筹平台的作用。因为在其平台上，可以有效地掌握平台上各个借款企业的资金流水和财务情况，这个平台相当于发挥了企业数据库的作用，可以帮红岭创投挖掘出成长性良好，又急需资金的企业。只要平台具备一定的实力，基本上都可以达成这种合作。借贷制众筹这种模式，不仅能够成人之美，还可以为自身的盈利带来极大的便利。也就是说，借贷制众筹在服务平台上的企业的同时，也便利和服务了自己。

4. 股权制众筹

股权制众筹平台如今在国外已经具有一定规模了，尤其是在美国，它还得到了政府的支持和肯定，并对其进行了明文法律规范。

2012年4月，美国总统奥巴马签署了《2012年促进创业企业融资法》(JOBS法案)，进一步放松对私募资本市场的管制，法案允许小企业在众筹融资平台上进行股权融资，不再局限于实物回报；同时法案也做出了一些保护项目支持者利益的规定。

法案规定，对每一个项目来讲，其融资规模在12个月内不能超过100万美元；同时也限制了每一个特定出资者的融资规模，不可超过其年收入的5%。该法案的通过为众筹融资网站提供了新的发展空间，也为金融创新提供了法律框架。

由于国情不同，面对的环境也截然不同，我国的法律法规还没有对股权制众筹予以解禁，并明文规定不得在众筹平台上以股权的形式进行众筹，所以股权制众筹目前在我国还处于一个比较冷门和尴尬的境地。关于股权制众筹的具体内容，我会在下一节给大家做出细致的讲解。

总之，募捐制众筹、奖励制众筹、借贷制众筹、股权制众筹这四种比较有代表性的众筹平台运营模式，基本上对众筹领域进行了全面的覆盖，不管是哪一种模式，都会给很多人带来便利。我相信随着互联网金融逐渐成为主流的生活方式，众筹也将得到更加高质量的发展，未来这四种众筹运营模式将会被更多的人熟识、接纳，并将其作为融资、投资的首要选择。

股权制众筹，敢问路在何方

要想全面地了解股权制众筹，首先要熟悉一下《中华人民共和国公司法》（以下简称《公司法》）中的一项法律规定：任何未经有关部门批准、向不特定对象筹集资金，并承诺回报的行为，都被认定为涉嫌非法融资。具体一点来说，就是股权制众筹有两条红线绝对不能打破：一个是发行对象必须是特定的，不能公开发行，也不能向不特定的对象发行；另一个是投资人数的限制，私募股权公司投资者人数不能超过 200 人，有限责任公司投资者人数不能超过 50 人。

正是这一法律规定，限制了股权制众筹的发展。先不说发行对象是不是特定的，光是人数限制这一点，股权制众筹就有可能越过红线。因为参加众筹的人数是不固定的，而人数一旦超过《公司法》规定的相关人数，众筹平台就意味着违法了。

股权制众筹不仅被《公司法》戴上了“紧箍咒”，还有一些专门针对众筹平台的法规也给股权制众筹戴上了“镣铐”。

我国一些相关法规明文规定：众筹网站上的所有项目不得以股权、债券、分红或利息等金融形式作为回报，项目发起人更不能向支持者许诺任何资金上的收益，必须是以其相应的实物、服务或者媒体内容等作为回报，否则可能涉及非法集资，情节严重的甚至可能构成犯罪。

股权制众筹遭遇的掣肘状况可见一斑。而一家名为美微传媒的公司就在这方面碰了壁，并引发了业界内的舆论热潮。

2012 年 10 月 5 日，“美微会员卡在线直营店”在阿里巴巴的淘宝平台上出现，这家店铺的创办者正是美微传媒的创始人朱江。我之所以能如此清晰地记住朱江的名字，主要和这件事当时在业界内引发的舆论热潮分不开。

朱江在多家互联网公司做过高管，有着超前的互联网思维，他敏锐地捕捉到了众筹的价值。他在店铺上告知所有消费者，每一个买家都可以购买店铺推出的相应金额的会员卡，这不是一般的会员卡，凡是购买了会员卡的买家，都享有“订阅电子杂志”的权益，还可得到美微传媒的原始股份 100 股。

该消息一经在淘宝平台上发出，就引发了一阵抢购热潮。2012 年 10 月的第一轮融资中，美微传媒共募集到了 481 名客户的 38.77 万元，2013 年 1 月的第二轮融资中，美微传媒又募集到了 710 名用户的 81.6 万元。也就是说，这两轮融资总共有 1 191 名会员参与了认购，总数为 68 万股，总金额为 120.37 万元。

从美微传媒的融资过程中我们可以看出，美微传媒采用的股权制众筹已经明显越过了相关法律划定的红线，可以说是和法律法规对着干，不过当时朱江并没有意识到问题的严重性，尤其是在第一轮融资中证监会并没有对自己的行为叫停，所以他并没有把这件事放在心中。不过，事情的发展很快就出乎了他的意料。

正当美微传媒的网络私募迅速发展时，一篇名为“众筹还是非法集资？淘宝网上售卖原始股被指违法”的文章将美微传媒和朱江推向了风口浪尖，并且有很多人都认为这是非法集资。对此最先做出反应的是阿里巴巴。2013 年 2 月 5 日，阿里巴巴对外宣称淘宝平台不准许公开募股，并查封了美微传媒的淘宝店铺，禁止其继续在淘宝平台上募股。

随后，证监会也约谈了朱江，并宣布该融资行为不合规，责令美微传媒向所有购买凭证的投资者全额退款。证监会给出的理由正是我在前面说到的两条红线。无奈之下，美微传媒不得不向所有买家归还了前期获得的所有资金。

可以说，美微传媒这一事件是我国出现众筹模式以来的第一例也是非常著名的股权众筹融资案例，虽然它最后折戟沉沙，并没有成功，但依然对未来的股权制众筹发展起到了很好的助推作用。我在给客户和学员们讲股权制众筹模式时，常常会提到美微传媒，并对它做出“它的出现加快了中国股权众筹试水互联网金融领域的进程”的评价。

随着互联网金融愈演愈烈，一个集投资、融资、理财于一体的新时代正在成为现实，在这种趋势下，像奖励制众筹模式、募捐制众筹模式，已经无法满足以投资为目的的支持者的要求，因为相对于实物回报，他们更偏重于现金回报。所以，一些以投资为目的的支持者会更青睐股权制众筹，这也给未来股权制众筹的发展奠定了基础。

如今，很多众筹平台吸取了美微传媒融资失败的教训，开始在股权制众筹模式方面显得更加谨慎，它们通过巧妙的变身，也就是通过打法律擦边球，让自己拥有了合法性。在这方面最有代表性的是大家投众筹网站。

大家投众筹网成立于2012年12月10日，凭着自己的优秀资源，它如今已经在业界内赢得了很高的人气和知名度。网站成立之初，就给自己做了明确的定位，这是一家天使式股权众筹模式网站，所有投资者都被称为“天使投资人”。

或许大家非常好奇大家投众筹网是如何运作股权融资的，并成功规避了法律监管和制裁的风险。这一点确实很有意思，我们可以从中学习到变通的智慧。为了让大家更容易理解，我举个比较简单的例子。

小王是一个创业者，因为自己有个非常好的创意项目，但苦于没有资金支持，他在大家投网站上做了一名项目发起人，融资目标为200万元，回报是出让公司20%的股权。大家投网站给这个项目设置了一个门槛，最少的出资额为20万元。

项目公布后，领投者认投20万元，其余4位跟投者分别认投80万元、60万元、20万元、20万元。如此一来就实现了融资目标。然后这五位支持者和小王集体成立有限合伙公司，在线下办理有限合伙公司注册、投资协议签订、入股项目公司工商变更等手续。这一系列手续完成后，融资到的200万元资金就会注入小王的企业账号中，而小王也将出让20%的股份，这五位支持者将分别获得2%、8%、6%、2%、2%的股份。至此，该股权制众筹顺利完成。

此时大家心中可能会产生一系列疑问：前面不是说相关法律明文规定众筹网站不得以股权形式作为回报吗？大家投不是明知故犯吗？为什么证监会不叫停？这里就需要仔细体会一下我前面说的"变通"一词的含义。

虽然相关法律规定众筹平台上不能以股权、资金等形式作为回报，但大家投并没有触犯这一规定，因为它的所有股权回报都是在线下完成的，并且所有投资者集体成立了有限合伙公司，如此一来他们就是受法律保护的合伙人，不存在违规问题。

一些细心的读者或许还有一个问题，《公司法》规定有限合伙制的股东人数不能超过50人，参加众筹的支持者那么多，人数无法控制，一旦超过了规定人数，即便项目达标，也无法实行，因为这是违法行为，这一点如何避免？关于这个问题很多客户和学员都问过我，我并没有直接回答他们，而是告诉了他们大家投网站的做法。

大家投众筹网站为了限制有限合伙的人数，设立了"领投人＋跟投人"的机制，领投人是指第一个对融资项目进行投资的人，剩下的投资者都称为跟投人。"领投人＋跟投人"的机制规定领投人和跟投人的投资额度最低限度分别为项目融资额度的5%和2.5%。这种机制相当于一个门槛，把那些不符合规定的人拒之门外，从而确保项目不仅可以达标，还不超出法律规定的范围。如此一来，任何融资项目的有限合伙制人数都会保持在40人以下。这样在股东人数上就不会存在任何法律风险了。

大家都知道，互联网金融市场是一个充满创新和颠覆的领域，它所衍生出的一切创新型的金融模式，都会对以往传统金融的监管方式造成破坏和冲击，并且由于传统的法律法规还未能及时转变，跟不上互联网金融的步伐，这也直接导致互联网金融市场成为一场创新与监管的赛跑与激斗。这虽然给股权制众筹模式的发展带来了很大的阻碍，但好在股权制众筹拥有广阔的市场空间，它在深水区蹒跚探路的时候不会发生溺水的危险。

我相信随着股权制众筹的进一步自我开拓和转变，以及法律法规的逐步完善和监管体系的更加明确，股权制众筹模式在互联网金融愈演愈烈的2014年，一定会把握住各种机遇，实现飞跃式的发展。

令传统行业警醒的五大众筹案例

如今众筹不仅被越来越多的人熟识，一些精英人士还开始利用这一互联网金融新模式作为颠覆传统行业的武器，来为自己服务，最后不仅获得了成功，还在整个行业引发了巨大的震动。在这一节我给大家讲五个最具代表性的众筹案例，正是这几个案例让所有人认识到了众筹的力量和潜力。

第一个案例自然是最具轰动性和震撼性的案例——众筹改变了一个国家的政治方向。

2008年，美国四年一度的总统大选正如火如荼地进行着。那年所属民主党的奥巴马参选总统，由于民主党和美国大企业的关系不太好，所以在筹款能力上根本不能和共和党相提并论。但美国总统的竞选没有资金支持是万万不能的，甚至有媒体评说美国总统的竞选过程是“美元铺就总统路”。

就在民主党为了筹资事情心焦不已的时候，有人向民主党提出了通过众筹来筹资的建议。由于美国是一个互联网环境非常发达的国家，各种社交媒体都拥有极其庞大的用户数量。于是。民主党的团队开始在这些社交平台上为奥巴马发起筹款活动。一时间应者云集，那些喜欢这位黑人总统候选人的支持者都贡献了自己力所能及的力量。

最后民主党竟然为奥巴马筹到了7.45亿美元的巨款，这一数额是竞争对手麦凯恩的2倍。凭着雄厚的资金支持，奥巴马成功击败了麦凯恩，顺利入主白宫，成为美国有史以来的第一位黑人总统。

我在查阅2008年美国总统的竞选资料时发现，支持奥巴马的民众有320多万人，而所筹得的7.45亿美元中有85%是通过众筹渠道获取的，并且绝大部分捐款都是不足100美元的小额捐款。而捐几十美元和捐几千美元的人享有的投票权和其他权利是一样的。奥巴马成功当选后，这则美国人利用众筹改变了美国政治方向的事件也引发了世界媒体的争相报道，众筹业开始由最初的意识形态真正走向互联网。

李善友作为中欧商学院教授、酷六网的创始人，他以前的知名度远没有现在这样高。他在2014年2月开启了一场用众筹改变商学院和创业教育的实验。这个实验不仅让他声名远播，还引发了行业震动，让其他商学院感受到了巨大的压力。

在这次众筹实验中，李善友只招收10名学员，且要求这10名学员的学费必须一半是自筹，一半是众筹。这是硬性规定，达不到这个要求，对不起，我不收你。招生启事一经发出，立刻引来诸如雕爷孟醒、泡否科技创始人马佳佳等热门人物的关注。可即便是名人，也必须遵守李善友的规定。

于是，雕爷孟醒、泡否科技创始人马佳佳通过各种社交媒体阐述自己发起众筹项目的理由，并承诺所有参与众筹的投资者，将获得自己面授交流的机会。鉴于名人效应，他们轻易就筹到了所需资金。

李善友看似不合理的要求其实有着自己的营销理念。那些名人在筹资的过程中，自然会陈述筹资理由，而这不可避免地要提到中欧商学院和李善友这几个关键词，这无疑就免费为中欧商学院做了广告，要知道名人的广告威力是非常巨大的，他们庞大的粉丝群都是广告受众，广告在传播过程中具有极大的针对性，这无疑大大提升了中欧商学院的知名度。

事实确实如此，李善友的这种众筹营销方式让中欧商学院在社交媒体上的曝光率呈现了几何式倍增，中欧商学院的课程也从墙内走向了墙外，在市场上获得了广泛认知。这也让其他几家国内一线商学院感受到了巨大的压力。

大家说，在这种情势下，中欧商学院能不红吗？

2014 年 3 月 18 日，乐视网宣布与众筹网达成合作，将通过众筹平台对世界杯期间多个项目进行众筹。而第一个众筹项目正是让中国球迷们热血沸腾的 C 罗代言。只要在规定的期限内获得 1 万人支持，每人出资 1 元钱，成功融资 1 万元，该项目即告成功。乐视网还告知项目支持者，届时会抽选一定概率的支持者去巴西和 C 罗见面。这个项目非常具有创新性，因为它是由球迷们来决定乐视网是否签约 C 罗为世界杯期间的代言人。

乐视网的这种做法虽然对于签约的实际效果不大，但这种以众筹模式来做决策的行为却有着很大的开创性意义，它在一定程度上改变了明星代言形式，并且具有很好的市场营销效果。乐视通过这个众筹项目使 C 罗的粉丝、世界杯的爱好者与 C 罗、世界杯产生关联。同时粉丝们还可以通过参加这个众筹项目，来表达对偶像和世界杯的支持。

当然，最大的受益者还是乐视网。因为乐视网通过众筹来签约 C 罗是一种典型的社交玩法，在与用户互动的过程中将代言人和品牌深度结合，不仅满足了用户的心愿，还加深了球迷对乐视网这个品牌的情感认同，这无疑会大大增加粉丝们对乐视网的忠诚度。曾经有位学员对此评价说："乐视网这种做法，可谓是一箭多雕的好策略。不仅赚到了钱，还提升了用户黏性，扩大了市场知名度。"我觉得这种评价非常中肯和准确。而这也是引发行业震动的原因。我们有理由相信未来这种用众筹方式邀请明星的做法将会被更多的企业效仿。

《罗辑思维》是罗振宇的视频脱口秀，这档"节目"（严格意义上并不能称为节目）在 2013 年大火特火了一把，并且知名度一时如日中天。事情的起因是罗振宇在 2013 年接连发布了两次"史上最无理"的付费会员制：普通会员，会费 200 元；铁杆会员，会费 1 200 元。更让人惊讶的是，虽然购买会员资格不会有任何收益，只能免费观看《罗辑思维》的视频脱口秀，但依然筹集到了近千万元会费。

罗振宇以前是央视制片人，后来离开央视做起了自媒体，也就是《罗辑思维》的视频脱口秀，他在做众筹时对粉丝们喊出“爱就供养不爱就观望”的口号，毫不掩饰让粉丝养活自己的意图。罗振宇这样做是处于高度自信，因为大家都愿意花钱养活一个自己喜欢的自媒体节目，并且支持者还会有一种“私人定制”的感觉。

凡是了解《罗辑思维》的人都知道，它的选题是由专业的运营团队和热心“罗粉”共同确定的，采用的是“知识众筹”的形式，众筹参与者的身份是“知识助理”，为《罗辑思维》每周五的视频节目策划选题，然后由罗振宇来白活（干活不收费）。罗振宇在做脱口秀的时候还会有意帮支持者做广告，比如说有一位大学生历史知识非常丰富，罗振宇在脱口秀中多次提到他，这位大学生也因此火了一把。

如今，《罗辑思维》像一记重拳打在了传统媒体身上，因为这种用众筹模式改变媒体形态的举动，彻底颠覆了以往的运营模式，并且还结出了硕果。据我所知，《罗辑思维》的微信粉丝早已超过 150 万人，每期视频点击量均过百万次，取得的辉煌不言而喻。

同样是在 2013 年，一本名为《社交红利》的书在图书领域和互联网领域声名鹊起。这本书的作者叫徐志斌，是腾讯微博平台的一位负责人，书的内容主要讲解了当下微信、微博火爆的原因。

当图书完稿，正式进入出版发行阶段后，徐志斌和负责这本书出版工作的磨铁图书公司却陷入了一种思维困境：这是一本讲述新型互联网商业的图书，如果能利用书中所写的各种营销理念和工具来出版这本书，势必可以引发更大的轰动。那么采用什么方式出版呢？这是一个非常让人迷茫的问题。

好在最后终于得到了答案：采用众筹出版。最后磨铁图书公司把目标瞄向了众筹网，因为当时众筹网形势一片大好，知名度在陡然攀高，所以是最好的合作方。经过几轮协商后，《社交红利》一书在众筹网发起了一轮标的为 10 万元的预售“募资”。而徐志斌则根据支持者不同的资助额度，给予定制版的马克杯、《社交红利》首发研讨会入场券、与作者零距离下午茶交流等回报。

出人意料的是，《社交红利》在众筹网上只用了短短两周的时间便成功售出 3 300 本，筹集资金 10 万元。要知道这时候这本书还没有正式出版。更令人觉得不可思议的是，这本书在出版后的一个月的时间里连续加印三次，最终一个月成功售出 5 万本。这一辉煌业绩无不让所有出版人刮目相看。

而《社交红利》的众筹出版方式，也引发了行业的倾力效仿，比如乐嘉的新书《本色》，同样取得了不错的反响。众筹出版的成功，无疑给很多作者带来了希望。而众筹出版即便将来无法颠覆传统出版模式，也可以凭借自己的优势占据半壁江山，凯歌高奏。

我曾经对客户和学员们说过：“聪明的企业和个人，不仅把众筹看成是一种融资手段，还会将其当作市场营销的利器。”我相信在不远的未来，将会有更多的经典的众筹案例出现，颠覆传统行业固有的陈旧模式。尤其是随着互联网金融的大力发展，众筹的生存土壤将会更加肥沃，那些懂得把握机遇的企业和个人，将会给自己带来更加强悍的竞争力。

投资篇

第八章
互联网理财：选择最适合你的“宝宝”

未来十年，是互联网金融的黄金十年，也是互联网理财的黄金十年。因为互联网金融给我们提供了品种丰富、数量庞大的互联网理财产品。不过，在面对各种各样的理财产品时，我们也会遇到选择、鉴别、规避风险等一系列难题，因为这是一个收益和风险、陷阱并存的领域。只有学会选择正确的产品，规避各种风险和陷阱，我们才能在互联网理财中获得切实的收益。

各种“宝宝”，你选择哪一个？

相信各位读者在读了第一章“‘宝宝’军团拉开互联网金融大幕”这节内容后，都会得出一个结论，2014 年既是互联网金融元年，也是“宝宝”军团元年。这个结论一点也不夸张，因为“宝宝”在 2014 年营造了一种漫天飞的狂热氛围，并成功赢得人心，成为理财人士青睐的理财神器。

但人们的潜意识里又充满了矛盾，当我们的选择权一多的时候，我们就不知道应该如何去选择，选择哪一项才是最合适的，心中无疑多了一种纠结的情绪。无独有偶，面对种类繁多的“宝宝”军团，我们一样迷茫了，不知道到底应该选择哪个作为理财神器。

要想选择合适的“宝宝”，首先应该分清楚“宝宝”们的种类。这一点是大家比较容易忽略的，也是造成不知道选择哪个“宝宝”的根源之一。目前我国互联网金融市场上按照产品功能大致可以分为四类：

（1）支付功能型产品。比如代表有余额宝和苏宁零钱宝，借助于支付宝以及易付宝平台，两者可以实现在淘宝或易购购物的支付功能。

（2）携手互联网大佬型产品。通过借助拥有成熟客户群体的互联网“大佬”实现产品规模的迅速扩张，代表产品有微信理财通、百度百赚等。

（3）自力更生型产品秉承求人不如求己的观点，多家基金公司在自家直销平台上大力贩卖自家的“宝宝”们，也取得了不俗的业绩，还顺带让投资者看到了旗下其余产品，可谓一举两得，代表产品有汇添富现金宝、广发钱袋子，嘉实活期乐等。

（4）银行系产品。为了应对定活期的存款搬家格局，银行正面迎击发行银行端现金管理工具，代表产品有平安的“平安盈”、广发的“智能金”、工行的“天天益”等。

选择哪一个“宝宝”，我们首先要看的是安全性，其次是收益率。就安全性而言，基本上都是比较安全的，尤其是支付功能型产品和银行系产品，安全系数更高。而说到收益率，这是很多人都纠结的问题。

一般而言，“宝宝”类理财产品都是和货币基金挂钩，所以它们每天的市场行情都是有波动的，或涨或落都是正常的现象。再者，“宝宝”们的收益率是以平均七日年化收益率来计算的，如果有一天的利率过低或过高，都会相应地拉低或拉高这一周的七日年化收益率。所以，大家在选择“宝宝”时不要单纯地只看七日年化收益率，最好能计算一下最近几个月的综合收益率，这个结果才是最靠谱的。

最近“宝宝”军团们的收益率连续下降，很多“宝宝”的七日年化收益率已经跌破5%。这也让很多投资者心焦不已，在选择高收益的“宝宝”时更加举棋不定。

有相关数据显示，被纳入统计的280只货币基金的平均七日年化收益率下降至4.362%，其中，七日年化收益率仍能保持在5%以上的仅有54只。而各类互联网金融“宝宝”们挂钩的货币基金中，余额宝的七日年化收益率为5.022%，尚勉强维持在5%之上，但对接微信理财通的四只货币基金七日年化收益率则全线跌破5%。

其实，我们之所以会出现这种恨铁不成钢的心理，是因为我们对“宝宝”们的期望太高。像刚开始时一度年化收益率高达6%以上的现象估计很难再出现了。因为当银行业主动变革且资金面仍将宽松时，互联网金融“宝宝”的正常七日年化收益率应当在4%左右，这也是大多数货币基金的常规收益率。

如果大家一定要选择高收益率且安全系数高的“宝宝”那不妨选择后来居上的银行系“宝宝”。

“五一”期间共有5家银行发行了14款“五一”专属理财产品，平均预期收益率达5.68%。有些产品收益甚至高达7%以上。如浦发银行发行的个人专项理财2014年第176期同享盈添利计划，扣除相关信托费用后的预期投资收益率为7.55%，再扣除0.05%的银行托管费率、0.50%的销售手续费率，投资者最终可拿到7%的回报。但这款产品的门槛比较高，认购起点金额5万元，期限为736天。

当互联网金融“宝宝”因为诱人的收益率和使用便利的特性吸引了银行的大量活期存款，使银行遭遇了存款大量流失的困扰后，银行业开始对互联网金融“宝宝”实行绝地反击，互联网金融“宝宝”们也在银行火力全开的打击下受到了重创，并出现了部分投资者重回银行怀抱的现象。尤其是当银行系第三代“宝宝”诞生后并全面向市场开放时，市场的格局必定会发生更大的改变。

中信银行携手信诚基金正式推出信诚“薪金宝”货币基金，实现自动申赎、打通线上线下支付，成为首款可在ATM机上直接取现并可直接线下刷卡消费的货币基金。而业界人士也把这一产品称为第三代“宝宝”。

信诚“薪金宝”的推出，既是“宝宝”产品中继余额宝之后的又一次重大创新，也是银行业针对互联网金融“宝宝”的一次强力反击。从“薪金宝”的功能看，它比余额宝还要先进，不仅可以实现线上支付的功能，还具有线下支付，实现直接取现、刷卡消费等互联网金融“宝宝”们不具备的功能，这无疑会给投资者带来更大的便利。如果利率也比互联网金融“宝宝”高，那势必会促使大量用户的资金回流银行。

要知道，在互联网金融时代，人们的忠诚度往往都不会太高，毕竟人们去投资就是为了达到以钱生钱的逐利目标，这就导致投资者出现谁给的利息高，就把钱投向谁的现象。但是有一种现象我希望读者们能引起重视，就是频繁地将资金在不同的“宝宝”之间转换。

比如说，有些投资者看到“A宝”7日年化收益率高，就把自己先前投资在“B宝”的资金转出来转投到“A宝”里，但过了几天，又发现“A宝”的七日年化收益率下降了，而“C宝”的七日年化收益率挺不错的，于是把“A宝”里的资金又转移到“C宝”里，如此反复，以追求最高收益率。

可是，这样做真的会获得高收益吗？事实并非如此。我们不妨来做一组数据演算。

以2014年3月25日华夏财富宝和汇添富全额宝这两只“宝”为例。华夏财富宝7日年化收益率为5.51%，汇添富全额宝7日年化收益率为6.343 0%，有些人看着后者比前者高了很多，就把存在前者里的钱取出来转投到后者。大家不妨计算一下，按照7日年化收益率计算，两只“宝”每一万份基金的实际收益分别为1.467 7元和1.487 6元，按此收益差异，投资者将资金从财富宝转到全额宝每一万元每天多赚0.019 9元。

表面上看起来是赚了，但是别忘了，我们赎回的当天就无法计算利息了，也就是说，你虽然每天多赚了0.019 9元，但却少了1.467 7元的利息，两者之间相差近70倍，可谓得不偿失。

此外，“宝宝”投资还有时间限制，如果是下午三点以前投入的，第二天才会有利息，如果是下午三点以后投入的，就会损失两天的收益。如果你的交易日期是周五，由于周六、周日是非交易日，只有到了周一才会确认，那你将损失三天收益。这可谓是捡了芝麻，丢了西瓜。

那么，到底选择哪种“宝宝”呢？这要根据自身的资金情况而定。如果手上的闲置资金比较宽绰，短时间内并不会用到这些资金，那就可以选择期限长、收益高的银行系“宝宝”，这样更为安全和省心。如果手上的资金不能做长期投资，那就需要选择带有活期存款性质的“宝宝”了，最好的选择就是余额宝了，不仅提取方便，网上购物、支付也非常方便。

此外，大家还要记住，“宝宝”的好坏是综合性的比拼，除了收益率、安全性外，还要考虑其的赎回金额上限、到账时间等各种条件。只有进行综合性的比较，才能最终确定真正属于自己的“宝宝”。

最后，我建议读者朋友们，尤其是喜欢互联网理财的朋友，平时可以多花一点时间关注一下理财新闻或学习一些投资知识，更好地开阔自己的眼界。还可以在微信上关注一些理财方面的公众账号，比如什么能赚钱、汇闻录、复利奇迹、小道消息、和讯投资学院、善财有道、理财周报等财经微信公众账号，都可以从中学到不少有用的投资知识，获取不少投资渠道。

其实，最好的“宝宝”就是自己的头脑。只有不断地对自己进行投资，自己的头脑才会得到更好的升值，理财能力也会相应地提升。如此一来，选择一个或多个适合自己的理财“宝宝”将不是什么难事。

如何绕开理财产品陷阱

随着互联网金融的强势崛起，人们已经无法抗拒互联网金融发展过程中给我们带来的种种便利和诱惑，尤其是在理财方面，互联网金融高收益、低成本的特性更是让人们趋之若鹜。如今，越来越多的人已经把互联网理财当作一种潮流，凡是不懂得互联网理财的人，都会被周围的人视为另类或落后于时代的人。

但是，在互联网理财的过程中，很多人因为经验不足或掉以轻心，被各种经过巧妙包装的理财产品诱惑，掉进了理财陷阱，到最后不仅没有赚到钱财，还赔了本金，影响了大好心情和生活品质，可谓是赔了夫人又折兵。

在广州工作的小刘，在一次同学聚会上听说有一家网站正在推出一款理财产品，月收益率高达30%，并且每天都会将当天的收益返到客户账户中。禁不住同学的怂恿，小刘就在这家网站上购买了5 000元的理财产品，没想到第二天就收到了50元的产品收益。

惊喜之下，小刘又买了3万元的理财产品，可谁知第二天这家网站却怎么也打不开了，打电话被告知网站升级，过两天就会恢复正常。可一连几天过去了，这家网站还是打不开，就连电话也打不通了，此时小刘才意识到上当受骗了。当他向当初做介绍的同学咨询情况时，同学也懊悔地说自己被骗了。

这是互联网理财中经常会遇到的利用虚拟大项目专门骗取投资者资金的典型骗局，一般只要掉进这种理财陷阱，就会落得一个血本无归的下场。相比于这种涉嫌违法犯罪的理财骗局，还有一些理财陷阱比较“特殊”，“特殊”是指虽然不涉嫌违法犯罪，但却有着误导投资者的嫌疑。

2014年4月上线的“京东超级理财产品”——“京东8.8”以2014年化8.8%的超高年化率成功吸引了所有人的眼球。该款“超级”理财产品对接的是“国泰安康定期支付”的非保本类混合型基金，限额10亿份。很多不明就里的投资者看到这一诱人的收益率，立马疯狂买进。

其实，年化8.8%只是京东玩的一个数字游戏，“8.8%”也并非是指年化收益率，实际上指的是“现金支付比率”。该产品在公告上说，该基金将在每季度最后一月20日，以8.8%的年化现金支付比率向用户支付收益。由于这是一款不承诺保本的产品，所以要风险自担。也就是说，即便该款产品亏损了，你每季度最后一月20日都会有8.8%的现金返还，但是这些钱的来源是你的初始投资资金。

明白了这一原理的读者，或许会得出一个结论：敢情要是行情不好，不仅一角钱都赚不到，还要倒贴。没错，事实确实是这样。所以说，这也属于理财陷阱，并且具有很强的迷惑性。如果不深入研究，很难窥探其中“奥妙”。

其实，理财产品中喜欢玩弄数字游戏的带有陷阱性质的产品要占相当一部分，比如前段时间携程网推出携程宝时，以年化16%的高收益震撼登场，并声明零风险。然而其实质只是让客户提前支付资金购买礼品卡，进行额外赠送的优惠活动；还有百度百发，在普通货币基金收益率为5%时，其却声称年化收益率达8%，而其背后真实收益率仅为4%，另外的4%是为期两个月的促销。

除了以上两种比较常见的产品陷阱外，还有一种类似于“钓鱼”的理财产品陷阱。

比如说一家正规的互联网企业的网站网址是www.icbc.com.cn，这个网站上经常推出不少理财产品供投资者购买。而一个钓鱼网站的网址是 www.1cbc.com.cn，这两个网址粗看起来几乎一模一样，但只要仔细区别，就可以看出不同之处在于一个是小写字母 i，一个是数字 1。而正是这一点，让很多投资者上了当，用资金购买了这个钓鱼网站推出的理财产品。

尤其是当这个钓鱼网站给出的收益率颇为诱人时，上当购买的投资者会更多。而这些钓鱼网站经常明确打出零风险、高收益、年利率最高达 24% 等字样时，谁会不动心呢?

这种理财产品陷阱采用的是障眼法，利用客户的粗心大意，取得客户的信任，继而诱使客户购买自己网站上的产品。最后的结局不外乎三种：一是血本无归，因为这家网站本来就是行骗的；二是不仅没有赚到收益，还赔了一部分本金；三是结果会好一点，虽然没有得到当初预期的收益，但好歹赚取了一点。但不管是哪种结局，都会影响投资者对互联网理财的评价。其实，正规的互联网理财产品不会轻易给我们打包票会得到多少收益，如果你非常热衷于互联网理财，就一定要谨记这一点。

还有一种理财产品陷阱是采用“优势凸显，劣势隐匿”的手段来骗取投资者的信任。比如说某些理财产品在网站上做宣传和推销时，往往会把“高收益率”、“低成本”、“公司规模大”等对投资者有利的字眼放大，而把“风险自担”、“不保本”等对投资者不利的字眼故意缩小或放到不显眼的位置，以此来麻痹投资者。

总的说来，大家在做互联网理财时，要想逃开理财产品陷阱，就必须做到以下几点：

1. 不贪婪

不少人在看到高达 20% 甚至 30% 以上的产品收益率时，就会头脑发热，热血沸腾，然后就迫不及待地去购买该款产品。殊不知，收益率越高的理财产品，越可能包含理财陷阱。因为很少有收益率能到达如此高的产品。所以在看到高收益率的理财产品而心动不已时，一定要告诉自己要淡定。如果无法选择无视，最好多咨询一些专业人士，或者是和朋友商量一下，千万不要轻信产品售卖平台人员的一面之词。只要做到了不贪婪，就可以避免遭遇同小刘一样的不幸。

2. 要谨小慎微

无论购买什么样的理财产品，都要逐字逐句地读完该产品的介绍，还要了解该产品背后的风险、投资取向等问题，这样才能全面地了解这个产品。如果只是对产品粗略地了解一下，势必会有所遗漏，而遗漏的部分正好是产品销售方想要隐匿的，也正是陷阱所在。这时候你就会不可避免地掉进陷阱中。只要做到了谨小慎微，就完全可以避免前面所讲的“数字游戏”陷阱和“障眼法”陷阱。

3. 学习必要的互联网理财知识

没有互联网理财知识的人，是最容易掉进理财产品陷阱的人，因为他们在选择理财产品时往往不会自我分析，总是喜欢随大流，看见别人都买，自己就跟着买。这样别人上当了，自己也跟着上当了。

热衷于互联网理财的人，应该懂得一些基本的互联网理财知识，比如在选择理财产品时，要关注互联网金融公司的实力和信誉；关注互联网金融公司资金管理模式。一般来讲，正规的互联网金融公司一般选择与第三方支付平台合作，甚至和银行合作托管。如果发现资金是直接通过互联网金融公司账户进出就要提高警惕；关注互联网金融公司是否保障本金安全，投资者要优先考虑保障本金安全的产品。此外，关注互联网金融产品实际收益率是否达到预期收益率水平也是非常重要的一点。因为有些理财产品会故意夸大预期收益率，投资者可以参照产品历史数据，看实际兑付情况。

总之，小心驶得万年船。我们在选择互联网理财产品时，绝不能掉以轻心，在选择互联网理财产品时一定要全方位地识别风险和陷阱，不要轻信口头承诺，不要去购买自己丝毫不懂的产品，也不要染指风险过大、放大倍数过高的产品。否则的话，互联网理财给我们带来的失望恐怕将多于惊喜。

互联网理财过程中遇到“灾害”怎么办

阿里巴巴集团在2014年4月9日宣布支付宝公司将投入4 000万元设联合安全基金，这些钱主要投向反钓鱼联防、反木马联防、反洗钱、反恶意攻击、用户信息保护等领域。据我所知，联合安全基金将会在主管部门的指导下，与银行、金融机构、同行、安全厂商开展合作。

与此同时，支付宝公司还特别声明今后会在产品安全设计上加强投入，并会在支付宝钱包8.1版中加入“设备管理”、“短信保镖”等创新安全服务。

阿里巴巴的这一举动其实暗含着市场公关的行为，意在向所有用户展示阿里巴巴是一家安全的、负责任、有担当意识的互联网企业，同时也是在向互联网金融安全隐患、漏洞亮剑，消除用户的后顾之忧。

为什么说设立联合安全基金其实是一种市场公关行为呢？因为在2014年4月8日晚上，有专业人士曝出常用于电商、网银等安全性极高网站的网络安全协议Open SSL存在安全漏洞。

Open SSL最早在1994年由网景推出，并逐步被所有主流浏览器采纳。它是一种流行的加密技术，可以保护用户通过互联网传输的隐私信息。网站采用此加密技术后，第三方无法读取你与该网站之间的任何通信信息。在后台，通过SSL加密的数据只有接收者才能解密。

这一漏洞将会危及全球包括银行、电商在内的关键部门和普通用户的财产、信息安全。因为这一漏洞一旦被不法分子或黑客恶意利用，就意味着用户经常用来登录电商、网银、网站的账户、密码等相关信息将会被盗取，继而使用户的相关财产被盗取一空。甚至有黑客将这一漏洞的严重性描述为“心脏出血”。正是这一“心脏出血”事件，让 4 月 8 日晚成了一个不眠之夜。

当“心脏出血”事件发生后，各大主流网站、电商也在第一时间做起了安全营销。微软告知公众没有任何微软产品受到此漏洞的影响；阿里巴巴急忙表示阿里各网站已经在第一时间进行了修复处理，目前已经处理完毕，包括淘宝、天猫、支付宝等各大网站都确认可以放心使用；腾讯发声明称，腾讯已在第一时间进行处理，目前相关的产品业务如邮箱、财付通、QQ、微信等都已经修复完毕，用户可以放心使用；当当网表示，当当网固有的账户体系非常安全，消费者可放心购物；百度方面也表示，百度钱包不受影响；京东则表示已完成了修补处理，避免了这次漏洞的侵袭。

一位 360 安全专家对这起“心脏出血”事件发表了自己的看法：“这是近两年来最严重的一次网络安全危机。在以 https 开头的网站中，初步评估有不少于 30% 的网站中招，其中包括大家最常用的购物、网银、社交、门户等知名网站，而在手机 APP 的网银客户端中，则有至少 50% 存在风险。”其他专门从事网络安全技术工作的科技人员也对这起事件感到忧心忡忡，因为他们估算这则事件至少影响两亿中国网民。

也就是说，Open SSL 存在安全漏洞可以泄露四个方面的机密：一是私钥，所有 https 站点的加密内容全能破解；二是网站用户密码，用户资产如网银隐私数据被盗取；三是服务器挂掉不能提供服务；四是服务器配置和源码，服务器可以被攻破。

在一次互联网安全问题研讨会上，一位专门做漏洞修复的朋友为了编写漏洞补丁代码，曾尝试在一家游戏网站上通过这个漏洞读取数据，两个小时内的多次读取，竟然获得了四个用户名和相匹配的密码，他通过这几个用户名和密码成功登录了这家游戏网站。

大家不妨试想一下，如果这位朋友是一位不法分子，他成功获取了账户和密码后，肯定会将账户里的游戏装备、虚拟货币等盗取一空，这无疑会给用户带来财产损失。所以，我们在平时进行各种登录账号时，要特别注意账户安全问题，做好防患于未然。

那么，我们到底应该怎么做，才能避免自己的财产在互联网出现“心脏出血”此类事件时不受损失呢？

首先我们要选择安全级别比较高的网站，在这类网站上注册账户、设置密码的安全性都比较高。什么样的网站安全级别比较高呢？自然是采用了加密技术的网站。或许很多读者不清楚什么样的网站经过加密技术处理，其实要区别这一点很简单，大家只要看浏览器地址栏是 http 还是 https，如果是 https，就说明采用了 Open SSL 加密技术。

如今我国已经正式跨入了互联网金融时代，在这种时代背景下，将会有越来越多的网站如雨后春笋般冒出来，这将直接导致网站领域出现鱼龙混杂的局面。就拿最近层出不穷的 P2P 网站来说，有些 P2P 网站压根就不注重网站的安全问题，在用户信息管理系统和网站安全性方面几乎没有一分钱的投入，更有甚者，直接在淘宝上购买一套 P2P 网站模板，稍加修改就上线运营，这种网站根本无法给用户提供账户安全保障。一旦出现漏洞，首先遭殃的就是它们。

除了选择安全级别较高的网站外，大家还需要在“心脏出血”此类事件发生后密切关注自己的账户所在网站公布的消息，这些消息将会告诉你如何应对安全危机。一般来说，在安全漏洞还没有完全修复之前，大家最好不要使用账户登录或在网站上进行交易。当网站告知安全漏洞已经修复并完成了升级保护后，大家应该在第一时间登录网站更改账户、密码等重要信息。

张小姐是一家公司的业务主管，一天早上醒来后她发现手机上有一条未读短信：“您正在修改在百度糯米上绑定的手机号，如非本人操作，请立即致电 4006888887【百度糯米】。”发信时间显示的是凌晨一点多。张小姐感到非常纳闷，因为她并没有修改绑定的手机号。

上午她登录自己的百度糯米账号后，发现自己账号里的800元代金券已经被人盗取了。在咨询了网站工作人员后，她得知“网络黑客”利用前段时间出现的“心脏出血”漏洞，破解了她的账号密码，解除了张小姐绑定的手机号，换成了自己的手机号码，从而盗取了代金券。

幸好被盗的只是代金券，如果是支付宝、理财通等账号里的资金，那张小姐的损失就大了。其实，类似张小姐的事情并不少见。不少人或许会心存疑问，为什么漏洞已经修复还会出现这种被盗现象呢？其实，漏洞在修复完成后并非就绝对安全了，因为在修复完成之前，黑客可能已经获取了用户的相关信息，但由于这些信息是分散的，黑客还需要对这些信息进行重组，并从中提取出可用的账户和密码。而这一过程需要时间，这就是被盗事件发生在漏洞修复之后的原因所在。所以在漏洞修复后第一时间修改账号、密码等关键信息非常重要。

在网络安全问题日益突发、黑客猖獗的当下，要想保证自己的账户安全，不管有没有出现网络安全漏洞，都最好能每隔两三个月就更换一次账户密码、验证码等信息。这样可以大大增加账户安全保障，使自己在互联网理财过程中不致遭遇“飞来横祸”。

此外，银行的网银系统也是比较安全的，因为银行的网银系统均使用商业级别的SSL设备，很少有采用开源软件实现的，所以要比一般性的互联网账号要安全。加之银行的网银系统基本上都带有U盾，而“心脏出血”此类安全漏洞并不会对外带装置U盾产生影响。所以我建议在互联网安全出现漏洞，而我们又必须进行互联网理财时，最好能使用有U盾的网银账户进行交易。

不管怎么说，互联网金融时代，通过互联网理财将成为人们最主要的理财方式，因为便捷、实惠，但它给我们带来收益和便利的同时，安全问题也是永远如影随形的，这就需要我们掌握尽可能多的避免“灾害”的知识和技能。如此，我们才能成为互联网金融理财时代的受益者。

第九章

互联网保险：简单、有趣、移动化的生活潮流

互联网保险作为互联网金融时代的一道独特风景，它不仅悄然改变着传统保险业的格局和销售方式，为保险业注入了无限的活力和激情，引领了一种简单、有趣、移动化的生活潮流，还给我们带来了更多的投资、理财机会。在下一个十年里，如果我们不懂得让互联网保险为我们的生活服务，那将是一种莫大的损失。

人气第一，利润第二

我国的互联网保险在经历了萌芽、起步、积累这三个阶段后，从2007年开始进入高速发展期，此后就一直保持急剧扩张的姿态，尤其是进入2012年后，互联网保险更是以前所未有的速度冲击着传统保险业。如今，任何人都知道互联网保险，并且很多人都购买过互联网保险，这就是明证。

虽然互联网保险份额所占的比重在中国整体保费中还很渺小，但其每年所呈现出的几何式的增长幅度足以让人不可小觑。并且有专家预测过，我国的互联网保险市场至少还有上千亿元的保费潜力有待深入挖掘。

面对如此诱人的商业蓝海，任何有能力、有资质的企业都会拼命去为自己争抢一些地盘。于是，这就直接导致了互联网保险行业白热化的竞争场面。正是这一激烈的竞争，使得互联网保险领域的意识形态发生了悄然转变。

中国保险行业协会最新发布的《互联网保险行业发展情况报告》中的数据显示，2011—2013年，国内经营互联网保险业务的公司从28家上升到60家，年均增长达46%；规模保费已经从32亿元增长到291亿元，三年间增幅总体达810%，年均增长率达202%；投保客户数量从816万人增长到5 437万人，增幅达566%。这一增长幅度比我预想的要大得多。在总保费中占比最高的是车险和意外险这两者对消费者来说是保险中的必需品。其次为理财类寿险和保障类寿险。但是增长幅度最大的却不是车险和意外险，而是理财类寿险。

这说明了什么？说明人们对于保险的理念已经发生了明显的变化。我们曾经购买保险是为了寻求各种安全保障，而自从互联网保险强势崛起并深入我们的生活后，我们购买保险的心理也发生了显著变化，我们购买保险不再仅是因为寻求各种安全保障，更多的是为了投资才去购买保险。简言之，买保险不是为了保险，而是为了投资，因为互联网保险作为一种理财渠道，人们可以从中获得相对可观的回报。

就拿我们在前面讲过的余额宝二代，它就是一款正宗的保险理财产品，并且预期年化收益率高达7%，保证本金安全。在短短6分钟之内就卖出了8.8亿元。可谓令业界人士震惊不已。

为什么余额宝二代会出现如此火爆的销售场景？因为它具备了两个条件：一个是收益率很理想，是一个不错的投资渠道；另一个是余额宝超高的人气。大家不妨试想一下，如果这款保险理财产品收益率过低的话，还会有这么多人购买吗？肯定不会，消费者会把钱投向收益率更高的理财产品；如果余额宝籍籍无名的话，还会有这么多人购买吗？肯定不会，消费者压根就不知道这款产品的存在或者根本不信任它。

所以，高收益率和高人气，这两个条件缺一不可，不管缺少哪个条件，都会对互联网保险的销售额造成影响。这个不争的事实让互联网保险企业深知，要想赢得消费者的青睐，把自己的产品卖出去，就必须让消费者先接纳自己、认识自己。

那么，互联网保险企业如何才能做到这一点呢？最简单、有效的办法就是将“人气第一、利润第二”作为行动准则。庆幸的是，很多互联网保险企业正在执行这一战略。这一点我们可以从各种互联网保险理财产品的收益率中略窥一二。

以一年期理财类产品为例，如果收益率为6%～7%，再考虑到人工等成本以及保险公司的利润，保险资金的投资回报必定达到10%以上才行，而保监会公布的2013年全行业投资收益率仅为5.04%，与10%的要求相距甚远。

这些数据明确地告诉我们，互联网保险公司推出的这些保险产品并不能为自己带来利润，有的甚至还要倒贴。或许有人会说，天下人从不做赔本的生意，这些互联网保险公司这样做到底是为了什么？最佳解释只有一个，互联网保险公司推出这些“零盈利”产品，目的只有一个，凝聚人气、开发市场！

2013年中秋前夕，淘宝保险宣布将与安联财险（中国）有限公司合作推出“中秋赏月险”，购买该险种之后，若在中秋节看不到月亮即可获赔。“赏月险”的保费设置分为两档，其中一档投保价格为20元，若被保险人在赏月城市（上海、广州或深圳）由于天气原因看不到月亮（即阴天或雨天），可获赔50元保险理赔。第二档投保价格为99元，赏月城市也从3个增加到北京、西安、乌鲁木齐等41个城市。依照保险内容，如果被保险人所在城市由于天气原因看不到月亮，即可获得188元的保险理赔。此外，无论被保险人能否看到月亮，在赏月险中都能获得10万元的人身意外保障。

同时，淘宝保险对于理赔条件也做了详细说明。赏月理赔将以2013年9月19日中秋节当天中国天气网在北京时间18：00发布的20：00至次日2：00的天气信息为准。如果18：00的天气播报显示该时段内赏月城市天气为阴、雨等天气，则界定为看不到月亮，即可获得理赔。

当“赏月险”一经推出，由于其新奇的特征，迅速在网络上发酵，一时间互联网上几乎都是“赏月险”的相关消息，甚至人们在吃饭时谈论的也是“赏月险”。虽然对于“赏月险”人们是褒贬不一，但不可否认的是，“赏月险”得到了很好的传播，这对于安联财险来说无疑是最大的利好。因为如此一来，很多人都知道淘宝平台在卖安联财险的保险产品，这无疑会增加自己的市场知名度，提升自己在互联网保险行业的竞争力。

有关数据显示，“赏月险”总共有5 154人购买，安联财险从中获得了超过40万元的保费，获得赔偿的投保人约占总数的9%。也就是说，除去赔偿金额8.7万元，安联财险获利32万元。

有些读者看了这些数据或许会说，你看安联财险不是获利了32万元吗，这怎么能说是没有利润呢，简直就是暴利啊！这种说法有失偏颇。32万元的收入对于淘宝和安联财险来说几乎不值一提，因为它们在售卖这种保险过程中所投入的各种开销就不止这个数。

众所周知，这款“赏月险”的赔付方式是在中秋当晚启动“闪赔流程”，整个流程都通过互联网完成，不需要客户提交申请，实行零单证审核方式主动理赔，相关投保人会在9月20日之前收到短信通知，理赔款将于9月24日前支付到购买赏月险的支付宝账户中。

要想顺利执行“闪赔流程”，无疑需要通过高水平的系统操作，在人力成本居高不下的环境下，光研发这一系统就不是个小数目，更何况还要在前期策划、市场公关、双方合作等方面投入资金，所以32万元只是一个利润非常微小甚至可以忽略不计的金额。淘宝和安联财险煞费苦心地推出“赏月险”，唯一的目的就是自己的人气和知名度，定位自己的“粉丝群”，而不是为了赚多少钱。

人气是企业的重要资源之一，是任何企业成功的必要因素，尤其是在互联网保险行业群雄争霸的大背景下，一个没有人气的互联网保险公司，它推出的互联网保险产品自然无人问津。试想一下，说起聊天工具，你除了首先想到QQ和微信，还会想到什么？说起网购，你除了首先想到淘宝和京东，还会想到什么？说起搜索，你除了首先想到百度和谷歌，还会想到什么？说起手机，你除了首先想到苹果和三星，剩下的才是其他品牌吧。

这就是人气的魔力。所以，即便“赏月险”的噱头很大，但只要参与者多，能为自己积聚人气，并通过广泛传播让更多的人知道淘宝和安联财险在网上卖保险，这本身就是一种成功。因为每个人只要投资20元或99元就可能获得50元或188元的赔偿，如果真的如愿以偿，这是一笔不错的投资。如果不能如愿以偿，那损失的只是一点小钱，但是乐在参与。所以，“赏月险”是互联网保险行业中执行“人气第一、利润第二”战略的典型案例。

如今，已经有超过2/3的保险公司自建在线商城或通过第三方电商平台分销保险产品，还有40家左右的保险公司进驻了淘宝商城售卖保险产品，中国人寿、中国太保等四家公司还拥有了自己的保险电商公司。这些无不预示着互联网保险行业的“山雨欲来风满楼”。而要想在这场残酷的竞争中脱颖而出，就必须学会让利、学会笼络人心，如此才能赢得消费者的认可，在各种竞争对手的夹击中屹立不倒。

淘宝、苏宁、京东的“三国演义”

淘宝是中国电商业的一个标杆，它自2003年成立以来，就一直是众人关注的焦点。如今，经过11年的发展，淘宝网上商城已经成为中国乃至世界上最大的电商企业。对于淘宝上种类繁多、应有尽有的各色商品，就连外国人都惊叹：“淘宝真是个奇怪的平台，它竟然什么都敢卖！”而引发外国人惊叹的原因之一就是淘宝卖保险。

2010年1月26日，淘宝网宣布旗下保险平台正式上线，泰康、阳光、华泰三家保险公司作为首批合作伙伴，开始通过淘宝网销售旗下保险产品。投保人在线了解保险详情后填写相关个人信息，再提交订单并支付保费后，就能完成投保手续。

淘宝是我国第一家在平台上卖保险的电商，它这富有创新精神的举动，在很大程度上了改变了传统保险销售模式的格局，甚至可以说是引领了真正具有互联网保险特质的革命。虽然当时条件还不太成熟，淘宝平台只能卖人身意外险。因为像寿险、健康险等险种需要在投保时完成体检等环节，所以暂时还不能在平台上售卖。

但随着淘宝在保险领域持续深入地搜集各种数据和寻找合伙伙伴，其在互联网保险方面的业务也越来越成熟，几乎在线下卖的现在在平台上一样可以卖。如今，几乎所有保险都和淘宝合作过，在其平台上卖保险。随着淘宝平台上的保险业务范围不仅越来越大且更加精细化，淘宝也开始逐步打造属于自己的互联网保险业务。

2014年4月底，淘宝保险、快的打车、平安财险（浙江分公司）三方合作，针对出租车司机创新性地推出了误工险。误工险是指出租车司机在营运过程中，如果遇到交通意外事故造成出租车受损、司机人员就诊或住院时，司机可获得相应的误工赔偿。由于该款产品还属于测试阶段，所以只限于安装快的软件的出租车司机免费领取，每份保险期限为90天，从领取当日计算。

这款产品属于淘宝保险“乐业保”平台上的第二个创新互联网保险产品。几天以后10万份误工险就被领取完毕，并且在辽宁省大连市已经出现了理赔案例。

虽然这只是一款测试产品，但其中淘宝的战略意图再明显不过。因为淘宝平台可以通过该产品积累更多数据和群体特征信息，这样可以为后期售卖针对司机的健康险等人身保障产品搭桥铺路。一方面培育了市场；另一方面获得了有效的数据，可谓是一举两得。

熟悉淘宝保险的人应该都知道，淘宝在互联网保险领域，正是靠着这种不断创新、突破的精神和理念，一步步奠定了自己在互联网保险领域的影响力。从淘宝第一次售卖保险拉开中国互联网保险销售行业的序幕至今，淘宝平台在互联网保险领域的成就可谓辉煌至极。如今，在淘宝设立了官方旗舰店的财险公司和寿险公司数量分别达到10家和16家，产品涉及车险、旅行险、少儿险、健康险、财产险、意外险和理财险等多个领域。可以说，淘宝如今是中国互联网保险销售平台中的超级巨头，无人能与其比肩。

但是，任何有利可图的行业，都不可能只有一家企业，更何况是互联网保险这个暗藏着巨大利润的蓝海。所以，即便淘宝有着超高的网购人气以及在网销保险方面的捷足先登等各种优势，依然有后来者不畏强势要分食互联网保险领域这块巨大的蛋糕。在这群后起之秀中，苏宁和京东无疑是最典型的代表。

我们先说苏宁吧。

2012年8月，苏宁易购保险频道正式上线，合作方包括平安、太平洋、泰康人寿、阳光和华泰。销售的险种包括车险、意外险、健康险、旅游险、财产险、签证险、服务商保险，等等。这是苏宁还没有正式获得保险代理牌照前的主要业绩。但从这些业绩中我们也可以看出它的实力非同一般。

因为看一家企业的实力如何，只要看一下它的合作伙伴就知道了。和苏宁合作的这些保险公司，无疑都是中国保险领域的巨头。所以苏宁虽然还比不上淘宝，但实力也不可小觑。更重要的是，苏宁在互联网保险领域的开拓步伐不仅不缓慢，反而是急速前进，一直都未放弃在互联网保险领域做最有影响力的电商的梦想。

2014年2月17日，苏宁云商正式获得保险代理牌照，成为中国商业零售领域第一家具有全国专业保险代理资质的公司。苏宁在互联网保险领域的战略意图很明确，其保险代理业务作为公司拓展全品类、布局全渠道、服务全客群的重要战略布局，在取得专业的保险代理牌照后，将成立专业的业务团队向消费者介绍、分析、挑选各种保险产品并提供相关理赔服务。同时，还可以充分发挥O2O融合优势，将电子商务便捷和实体店面的现场体验相结合，打造一个险种丰富、专业高效的保险超市，为客户提供一站式保险服务。

从这一点我们就可以看出苏宁在互联网金融领域中的野心，互联网保险是它打造的一把在互联网金融领域中搏杀的利器。在互联网保险销售方面，苏宁虽然不具备淘宝超高的网购人气这种优势，但它具有淘宝所不具备的优势，而这种优势正是它野心勃勃的根源。

苏宁供应链上有数以万计的合作伙伴，而这些合作伙伴都有潜在保险客户群，只要深入挖掘，就可以开发出庞大的需求。比如可以围绕这些公司的特点定制相关的信用保险、网络安全保险、仓储保险、物流货运等诸多险种，并提供配套的增值服务，这些都可以大大提升苏宁在互联网保险领域的影响力。

苏宁易购旗下的红孩子母婴商城和缤购美妆商城，它们的目标客户群中囊括了女性和婴幼儿，这是一种天然优势，因为无论何时，母婴都是健康险和寿险的主要保费来源。而苏宁正好利用自己的平台优势，挖掘这些客户的详细数据，进而推出针对性极强的险种，无疑会有很高的成功率。

此外，苏宁在线下还有1 600家实体门店，以苏宁的品牌价值和知名度估算，每家实体店至少也有上千位客户，如果再算上这些客户的家属，那将是一个非常庞大的群体。如果苏宁能有效地利用资源，深度开发这个庞大的客户群体，让他们购买自己的保险产品，那它的实力将会得到飞跃式的提升。

苏宁正是靠着自身的种种优势，才敢大张旗鼓地在互联网保险领域跑马圈地。这也是淘宝不敢小觑苏宁的重要原因。

面对淘宝和苏宁在互联网保险领域的急速扩张，一向不甘人后的京东也开始鼓风扬帆，悍然出海。

2012年12月3—5日，淘宝网在平台上举办的“聚划算年终大回馈”的理财分会场，“淘宝理财第1团”推出了国华人寿的三款万能险产品在网上试水，短短三天里共售出4 356件，销售额达1.05亿元。这一令人狂喜的业绩顿时成为人们茶余饭后的谈资，而一直籍籍无名的国华人寿也靠着这次合作一鸣惊人，一飞冲天。

看着淘宝把互联网保险的销售业务做得风生水起，京东再也无法淡定了。几天后，京东就和保险巨头泰康人寿高调宣布合作卖保险。

至此，京东拉开了进军互联网保险领域的序幕，开始在这个新的征途上披荆斩棘，奋力厮杀。京东虽然是后来者，但它也有自己的优势。首先在线上流量方便，它就不输于苏宁。目前线上流量淘宝最大，京东排第二，苏宁垫底。加之京东良好的电商信誉优势，都为京东的后来居上增添了不少发展契机。

目前，京东商城与泰康人寿、太平洋保险等7家险企进行过深层次的合作，平台上售卖的险种产品有汽车保险、意外保险、健康医疗保险、少儿女性保险、旅游保险和财产保险六大类，专为不同用户、不同年龄段的不同需求量身定做。

如今，京东布局互联网保险领域的步伐更加紧迫，它也提交了保险代理销售牌照的申请，相信不久后也会获批，到时候实力会更加强大。

互联网保险行业，这是一个热情涌动、要素完备的领域，各大巨头之间的殊死斗争，绝非是为了卖保险拿佣金这么简单，因为它们根本不缺这点钱。了解互联网金融的人都知道，互联网保险是互联网金融的一个重要分支，夺取了互联网保险销售这个渠道，就可以全面实施拓展全品类、布局全渠道、服务全客群的重要战略，从而有效地提升用户的消费黏性，拉高自己的人气及知名度，这对完成互联网金融布局具有不可或缺的重要意义。

所以，淘宝、苏宁、京东在互联网保险领域联合上演的“三国演义”，在未来将会爆发出更加激烈的竞争。至于鹿死谁手，谁能笑到最后，这取决于谁推出的保险产品更吸引消费者，这才是胜利的关键。

产品是用实力说话的

随着互联网金融日益深入我们的生活，各大保险公司、电商都纷纷试水互联网保险，因为互联网保险是布局互联网金融的重要领域之一。这也造成了互联网保险领域硝烟四起、群雄逐鹿的纷争局面。

互联网保险的特征之一就是给了我们货比三家的机会，让我们可以在线浏览各个保险公司各种产品的异同，从而选择更适合自己、自己更中意的产品。而正是这一特性，决定了互联网保险产品在市场中的格局。

在一切保险产品都能被消费者尽收眼底的时代，不再是谁的公司大、名气高就能独霸江湖，关键还是要靠产品说话，因为产品才是赢得消费者青睐的不二选择。所以，在互联网保险领域，不管是哪家保险公司，也不管是哪家电商巨头，要想在互联网保险领域夺得话语权，让消费者将其视作该领域的标杆，就必须拥有其他竞争对手没有的产品。标新立异，才是王道。

综观我国市场上的保险产品，就可以发现这是一个同质化非常严重的市场，几乎没有几个能让消费者一眼就记住和喜欢上的产品。

在这个互联网保险高速发展的时代，任何互联网保险企业都想成为前进路上的旗手，但是，现实是残酷的，在前进的过程中，那些没有棱角、喜欢随大流的企业必将死在前进的路上。

从表 9-1 中我们可以看出这些知名的保险公司在网上销售的险种基本上都差不多，没有什么明显的差异性，除了个人意外险和医疗健康险这两类保险的数个险种外，就是个人短期意外险、机动车辆险、货运险这几个类型。

表 9-1　我国保险网站的网销产品

中国保险网站	网销产品
PA18 网站（平安保险）	个人险：车险、万能险、意外险、少儿险、养老险、家庭财产险、旅游险、分红险、自主险卡、医疗险、平安财产险、平安人寿险、签证险等； 企业险：企业年金、平安保险卡、平安财产保险、平安健康保险、平安养老保险、企业高管保险、中小企业员工保险计划、大型企业财产险、平安恒利达综合保险、国内贸易短期信用险、大型企业经营风险保险等
易保网站	个人险：家庭财产险、医疗险、少儿险、意外险、汽车险、养老险、投资分红险、保障类险、女性险等 企业险：财产险、企业责任险、运输工具险、货物运输险等
泰康在线网站	个人险：医疗险、少儿险、养老险、组合险、意外险、投资险、旅游险、签证险等
中德安联网站	个人险：境内外旅游险、意外险、防癌险、综合重疾险、定期寿险等
网上太保（太平洋保险）	个人险：机动车辆保险、船舶货运险、医疗险、少儿险、养老险、保证险、意外险、重疾险、旅游险、定期寿险等

这些险种只是保险公司简单地把线下产品搬到线上卖，并没有丝毫的创新，几乎是每个保险公司和电商都可以销售的，所以根本不具备任何竞争力。要知道，消费者在购买互联网保险时，其自主性占绝对主导地位，第一时间内什么产品吸引了他，他就会选择什么产品。而这时候，要想吸引住消费者，就必须让自己的保险产品新颖、有特色，如此才能在一群保险产品中脱颖而出。

或许我讲到这里，不少人会反驳，险种就那么几种，经过保险业数十年的发展，哪里还有创新的空间。话虽这么说，但创新是永无止境的，只要用心去挖掘，还是可以推出很多有特色和竞争力的产品的。我们在前面讲过的“赏月险”就是推陈出新的一个典型代表。

其实，只要我们认真研究一下最近几年互联网保险的发展进程，就可以罗列出多个很有特色和影响力的互联网保险产品，它们也正是靠着别具一格的特色，在业界内引发了很大的反响。

比如说“脱光险”，它以婚恋、“脱光”为包装，并通过附赠婚恋服务和“脱光”奖励，使得该保险饶有趣味，扭转了传统保险一贯的严肃、呆板、冷冰冰的形象，加之采用了“限量发售”的营销策略，引起了人们的热捧，取得了空前的成功。

比如说“熊孩子险”，这是一个令人津津乐道的互联网保险产品，光从名字上就足够吸引人了。“熊孩子险”主要面向18周岁以下的未成年孩子的家庭，由于其未成年子女造成他人伤亡或财产损失，依法应由被保险人承担的经济赔偿责任，由保险公司来负责赔偿。一个家庭每年缴纳几十到几百元不等的保费，就能够获得数十万元的责任限额。

此外，还有“宠物险”、“绑架险”、“境外度蜜月意外怀孕险”、“航班延误险”，等等，不胜枚举。

在互联网保险领域，没有做不到的，只有想不到的。这是一个竞争激烈的领域，只有不断地推陈出新才能不被对手打倒。所以，个性化的险种就是最具竞争力的武器，它可以帮助企业成功引起消费者的注意。

这是一个高速发展、生活水平非常优越的时代，但同时也是一个问题频出的时代，只要企业能把互联网保险的产品和生活中的各种问题紧密地结合起来，并以一种让人眼前一亮的形式展现给大家，相信这种产品肯定会受到消费者欢迎的。毕竟它是建立在我们的生活之上，没有脱离生活。

地沟油令人防不胜防，保险公司是否可以推出地沟油保险？甲醛严重危害人体健康，保险公司是否可以推出甲醛保险？大学生就业难，保险公司是否可以推出大学生创业保险？时代多元的背景下，人们对保险的需求将会更加旺盛，只要保险公司善于创意，勇于探索，就一定可以推出很多深受消费者喜爱的保险产品。

2014 年 3 月，中国人保财险和中国平安分别推出了“空气污染健康损害保险”和“平安雾霾健康险”两种保险产品。虽然这两种保险产品的赔付内容各不相同，但无疑都和空气污染有关。

前者的保障范围主要体现在两方面：第一，只要连续 5 日空气污染指数监控大于 300，将一次性给付污染津贴，最高达 300 元。第二，对被保险人在保障期间因雾霾致病住院给予住院补贴，最高达 1 500 元，保险期限为一年。该保险保障人群年龄为 10～50 周岁，保费从 78 元至 138 元不等。

后者专项承保肺癌，为特定呼吸系统疾病提供住院津贴，保费金额可随意搭配。此外还有个附加险，如果连续 7 天空气质量指数超过 300，保费超过 100 元的投保人，将获赠肺功能及耳鼻喉检查；保费超过 500 元的投保人，将获赠肺部 CT 检查。

虽然这两种保险产品最终被保监会紧急叫停，但依然引发了消费者的热议。凡是创新的保险产品，且立足于人们的日常生活，都会得到人们的热捧。这已经成为一种共识。所以，只有靠不断提供有价值、有竞争力的保险产品，才能在巨头林立的竞争中突出重围，独霸江湖。

当然，光有能够吸引消费者眼光的产品还不够，这只是一方面，因为产品的竞争力还表现在售后服务方面。一个具有创意的保险产品，即便受到人们的广泛认可，但如果在售后服务中表现欠佳，比如理赔不及时、得不到合理的理赔等，这同样会对产品产生灾难性的恶劣影响。

所以，保险公司和电商要想在互联网保险领域占据一席之地，就必须积极打造属于自己的拳头产品，树立自己的品牌价值，最大限度地满足消费者的要求。如此才能得到消费者的信任和赏识，在强手如云的竞争中依靠强有力的产品笑到最后。

“三马”联姻的结晶——众安保险

众安保险，注定是互联网保险领域的一个标杆代表，因为它是“三马联姻”的结晶。阿里巴巴的马云、平安集团的马明哲和腾讯集团的马化腾这“三马”，无论哪一位，都堪称互联网企业界的风云人物。

众安保险在2013年2月通过保监会的审批，顺利拿到批文，成为中国首家专业互联网保险公司，并于当年年底正式上线运营。众安保险基于“服务互联网”的宗旨，希望为所有互联网经济参与者提供保障和服务。它最显著的特征是完全突破国内现有保险营销模式，不设分支机构、完全通过互联网进行销售和理赔，主攻责任险、保证险两大类险种，只做线上业务。正因为这一点，人们普遍认为这是中国平安乃至整个保险业在互联网金融创新上的一次破局之举。

开业之初，众安保险就将自己的业务布局做了明确的划分：

1. 电子商务

比如说商家的信誉问题、商品的品质、商品的真伪、服务的可信度，以及物流过程当中，商品的丢失、损坏和延误等问题，作为保险公司为买家、卖家、商务平台提供保障。

2. 移动支付

随着二维码支付、声波支付等各类创新支付手段的发展，存在新的避险的需求。众安保险可以在便捷的基础上提供安全。

3. 互联网金融

也可称为信用保证保险，众安保险公司为信誉良好的商家或个人提供保证保险，帮助中小企业解决融资问题。

综观众安保险的业务布局，我们可以得出一个结论，它确实是一种全新的模式，完全致力于互联网保险行业，并非像其他保险公司那样把线下产品拿到线上卖。

如今，经过短短几个月的发展，众安保险已经在互联网保险行业呈现出了风头正劲的气势。其在企业/家庭财产保险、货运保险、责任保险、信用保证保险、短期健康保险、意外伤害保险等领域都有所涉猎，它用自身行动告诉我们，它正以一种前所未有的高姿态探索着互联网保险这片蓝海。

或许有读者会问，其他保险公司也在互联网上卖保险，凭什么只有众安保险一马当先呢？难道就因为它是“三马结晶”吗？再说了，即便他们三家联合，但众安保险只做纯线上业务，它并没有多大的竞争优势啊？凭什么它能在互联网保险行业一枝独秀呢？

让我们先来分析一下众安保险的内部组成结构。

众安保险官网显示，浙江阿里巴巴电子商务有限公司、深圳市腾讯计算机系统有限公司和中国平安保险（集团）股份有限公司分别参股 19.9%、15.0% 、15.0%，其他股东包括优孚控股、日讯网络、携程等。

这份股东名单上，几乎集结了互联网领域中最有影响力的所有巨头，阿里巴巴是中国最大的电商平台，旗下拥有大量企业及个人客户；腾讯拥有广泛的个人用户基础、媒体资源和营销渠道；中国平安最擅长保险的产品研发、精算和理赔等，并且其旗下还拥有庞大的销售及理赔团队；优孚控股、日讯网络、携程等股东，它们在网络科技领域中也具有一定的资源及人才优势。

以上种种，就是众安保险在互联网保险领域一枝独秀的资本。在互联网金融时代，玩的就是资源整合。谁的资源丰富，谁就是王者。而众安保险正是凭着自己多方面的优势，在互联网保险领域乘风破浪、披荆斩棘，取得一个个其他对手难以企及的成功。

2014年3月12日，众安保险公司宣布，将携手中信银行、腾讯共同推出国内首张基于微信平台的跨界移动互联网金融产品——中信银行微信信用卡；同时，还将联合支付宝、中信银行发布全新网络数字信用卡——中信淘宝异度支付信用卡。众安保险将为上述两类信用卡提供个人消费信用保险。

从这两个项目中，我们可以看出众安保险充分利用了自身的资源优势，因为无论是微信，还是支付宝，都会给自己提供切实准确的数据，以便众安保险精确分析各种风险，提升风控能力。

虽然这两个项目还没有正式推出就被央行叫停了，但众安保险的这一举动依然赢得了满堂喝彩，不仅让众人看到了众安保险敢于创新的勇气和锐意进取的精神，也看到了众安保险在中国金融业和保险业所扮演的重要角色。

2014年3月下旬，众安保险又推出了参聚险。该款产品是针对互联网平台聚划算商家参与活动资金压力巨大的现状，众安保险公司联合聚划算，帮助诚信卖家降低聚划算参团的资金担保门槛，释放积压占用的保证金，缓解互联网商家金融压力。

众所周知，卖家要想参加聚划算活动，就必须先缴纳10万~50万元不等的保证金，这些保证金在参团结束后15~30天内是被冻结且无法使用的。目的是保障消费者权益，一旦发生卖家未履行《消费者保障服务协议》等情况，就能动用保证金对消费者进行赔付。

而参聚险的具体内容是，卖家选择保险产品后，无须再按以往方式冻结大额聚划算保证金，只需缴纳费率为0.3%的保费即可。这将有助于诚信卖家降低参加聚划算资金担保的门槛，释放积压占用的保证金。

比如说你只需投保1 500元保费，便可释放高达50万元的保证金。如此一来就大大提高了你的资金流动率。当然，要想得到这一保险服务，就必须具备良好的信誉。否则即便你愿意投保，众安保险也不会接受。

众安保险推出的这款产品同样受到了所有卖家的热烈欢迎。这充分说明了众安保险有别于传统保险产品的开发思路，它的产品更加多样化、个性化、精准化。

但是，作为第一个“吃螃蟹”的专业互联网保险公司，众安保险在成长的过程中虽然取得了辉煌的业绩，但它依然不够完美。

2014 年 5 月，保监会发布的 2014 年 1—3 月财产保险公司原保险保费收入情况表显示，一季度众安保险共实现原保费收入 4 569.94 万元，其中 3 月份共实现保费收入 2 509.73 万元，同比大幅上涨了 152%。

这虽然是个让人振奋的消息，但是在保监会发布的 2014 年第一季度保险消费者投诉情况通报中，众安保险因亿元保费投诉量居财产险公司第一名，且远超平均值而被保监会“点名”。

这充分说明众安保险在高速发展的过程中，还有不少短板亟待完善。众安保险作为互联网保险领域的开拓创新者，或许“路漫漫其修远兮，吾将上下而求索”这句话最适合它了。将来势必还会有更多的和众安保险性质相同的公司出现，如果众安保险不能尽快健康地成长起来，在面对后来者的竞争中将很难做到完败对手。到那个时候，互联网保险领域龙头老大的地位就有可能被他人占据了。

毕竟商场如战场，风云突变的事例并不少见。只有把握住机遇，战胜新挑战，才能在你死我活的激烈竞争中一路扬歌，昂头挺进。

第十章

虚拟货币投资：风险与收益的正向抉择

在如今的互联网投资市场上，虚拟货币以自身独特的性质吸引了众人的眼光，使人们对其的投资正形成一种热潮。但是，虚拟货币的投资行情不仅不稳定，并且以过山车般的行情走势著称。投资虚拟货币，虽然可以有高额的回报，但也可能遭遇血本无归的下场。如果投资者想做虚拟货币投资，就必须在风险与收益之间做好考量。

虚拟货币的发展现状

作为虚拟货币的载体，在互联网存在后，虚拟货币也应运而生。虚拟货币刚出现的时候，只是用于网站或者游戏的运营商对旗下各种相关服务的一种支付手段。比如说游戏中的金币，它作为游戏中的一种虚拟货币，只能向游戏中的虚拟商人购买虚拟物品。

世界上最早的网络虚拟货币是由 Beez.com 推出的一种叫作“网豆”（BeezTM）的虚拟货币，人们可以到 Beez.com 上免费申请一个账户，然后得到一定数量的“网豆”。Beez.com 公司致力于将“网豆”推广为一种可以在互联网上流通的货币，因此向 200 多家电子商务网站推行使用“网豆”进行支付。

随后，Beez.com 公司同万事达卡（Master Card）下属的 Modex 公司达成协议，将“网豆”同 Modex 的智能卡结合在一起。消费者可以将它们在网上积攒到的“网豆”存进智能卡，并且可以在传统的商店里使用。

Beez.com 的经营模式是，将虚拟的“网豆”以每一个 1 美分的价钱卖给网站，网站再通过活动等方式将“网豆”给网友，或让网友赢得“网豆”。网友赢得“网豆”后，可以将其当作现金，在网络商店消费。最后 Beez.com 公司会以每个 0.5 美分的价格，从网站运营商处购回。

“网豆”作为世界上最早的虚拟货币，它一经推出就赢得了业界内的争相效仿。一时间，虚拟货币迎来了蓬勃发展的春天，每个具备条件的互联网公司都纷纷推出自己虚拟货币，虚拟货币在世界互联网领域开始广为流通。

我国最早的虚拟货币应该是腾讯公司推出的Q币。腾讯作为我国最大的互联网综合服务提供商之一，也是中国服务用户最多、最广的互联网企业之一。它在互联网领域的发展比一般互联网公司要早得多，并且在规模上也要比其他公司成熟很多。正是这一系列条件，使它成为中国最早推出虚拟货币的企业。

Q币最初是腾讯为方便用户快捷地购买其增值服务，缩减用户成本而推出的一种产品，主要用于购买QQ会员服务、QQ网络游戏中的虚拟装备、QQ网络游戏中的游戏币等，从而让用户更加方便和快捷地使用增值业务，获得娱乐和体验需求。随着Q币的发展和广泛流通，如今它已经可以在网络上同人民币等价交换了。

腾讯Q币在我国成功推出后，同样引起了同行们的跟风效仿，其中绝大多数是网游运营商和门户网站，它们纷纷推出带有自己企业鲜明标志的虚拟货币，意在为用户搭建了一个消费自己所提供的商品或服务的一种便利的支付渠道。一时间，虚拟货币在我国也开始引领一种潮流。

如今，我国现有的虚拟货币种类繁多，五花八门，我所知道的“主流”虚拟货币就多达十几种，比如腾讯Q币、搜狐狐币、百度币、新浪U币、网易POPO币等（如表10-1所示）。

表10-1 我国的虚拟货币种类（部分）

币种	发行公司	使用业务和服务	购买价格	购买方式
Q币	腾讯	QQ会员、QQ秀、QQ游戏、QQ宠物、QQ交友包月、资料下载等	1Q币=1元	财付通、网上支付、电话银行、QQ等

续表

币种	发行公司	使用业务和服务	购买价格	购买方式
U币	新浪	新浪邮箱续费、星座产品、网游点卡购买、单机游戏下载、纸贺卡、新浪UC聊天室等	1U币=1元	固定电话、手机、网上支付等
百度币	百度	百度传情、影视、缴电话费等	1百度币=1元	银行卡、快钱支付、手机、YeePay支付等
POPO币	网易	购买道具、免费短信、popo游戏、下载popo表情等	无	使用POPO、我行我泡上传图片、网上支付、奖励等
MM币	猫扑	增值服务（社区管理、道具购买）	1MM=0.2元	固定电话、手机、网上支付等
卡拉	云网	网络彩票（快乐8）、社区	1卡拉=1元	网上支付、邮局汇款、银行转账等
狐币	搜狐	VIP邮箱、搜秀、摘星吧、星相紫微等搜狐付费增值产品或服务	1狐币=1元	网上支付、宽带账号、固定电话、手机等
联众币	联众	会员资格、联众秀、特殊标志、参加比赛	1联众币=0.1元	银行卡、电话银行、支付网关、邮局汇款等

我从一些专门研究虚拟货币的朋友那里得知，我国每年的虚拟货币规模已经达到了几十亿元的级别，并且仍以每年15%～20%的速度增长。这是一个非常可观的增长速度，我相信随着互联网金融时代的到来，虚拟货币的市场规模将会更加庞大，并且流通性也会越来越好。

我国不少虚拟货币不仅可以代替人民币支付网上收费服务项目，有的还可支付手机话费、短信费用，甚至还可以在网上购买实物商品。比如说，人们可以用Q币购买瑞星的所有在线产品包括瑞星杀毒软件下载版、个人防火墙和在线杀毒等，甚至可以给“超女”、“快男”投票；新浪的U币可在新浪商城中购买商品；百度币已经用于个人MP3收费下载。而有的虚拟货币还可以在非官方交易平台上兑换成人民币。

正是借助虚拟货币在互联网中的流通性和可兑换性，越来越多的人开始把目光聚焦在虚拟货币投资理财领域。

学员小赵平时非常喜欢在虚拟货币领域做投资，他告诉我说已经购买了40万个Q币。如果按照虚拟货币的市场行情来算，就是40万元人民币，但其实他只花了25万元。有一次他和一家IT企业做了一笔生意，但由于当时资金紧张，他抱着试试看的心情问合作方是否可以接受Q币，没想到对方欣然答应。最后小赵用自己的40万Q币代替了30万元的合作费用。仔细算一下，小赵轻轻松松就赚了5万元。

从学员小赵的故事中，我们可以看出虚拟货币的互联网金融性质和投资价值。这个故事也极好地向我们讲解了虚拟货币从刚开始的支付渠道功能，向投资理财功能转变的过程。

虚拟货币作为互联网的衍生品，它自身带有极强的互联网金融色彩，这也是其获得大众追捧的原因之一。因为只要互联网存在，虚拟货币就不会消失，并且随着互联网金融的兴起，虚拟货币将会在其中扮演更加重要的角色。尤其是随着互联网金融的逐渐成熟，虚拟货币未来也会有更成熟和完善的体系，它也会为那些精明的投资者带来可观的投资收益。

虚拟货币的典型代表——比特币

现如今最火的虚拟货币非比特币莫属，对于那些长期混迹于互联网的人来说，几乎没有人不知道比特币。即便是那些不常接触互联网的人，也从其他人的日常谈话中得知了关于比特币的各种新闻。

比特币从 2013 年开始逐渐崭露头角，并一路走红，成为虚拟货币投资领域最炙手可热的主角。比特币是数字加密货币，由电脑代码生成，运行机制不依赖政府、中央银行、金融机构的支持或信用担保。

2009 年 1 月 3 日，第一枚比特币诞生，从此一发不可收拾。在互联网上，人们都认为比特币是一位名叫“中本聪”的神秘人士发明的。他在互联网上发表研究报告，阐述了其对电子货币的最新构想。按照他的设计，比特币不依靠特定货币机构发行，它通过特定算法的大量计算产生，总量只有 2 100 万个，确保了任何机构都不可能增加发行量来操控比特币的价值，或者制造通货膨胀。

正是由于比特币不属于任何国家和金融机构，不受地域限制，可以在世界上的任何地方兑换这一“无国界”的特性，使其一经问世就受到了众多投资者的追捧。并且比特币比其他虚拟货币更加先进，它只是一段保存在计算机内的代码，交易、支付都可以在互联网上匿名进行，能够最大限度保证个人隐私，交易数据很难被追踪。种种优势，使比特币成为虚拟货币投资市场中最大的赢家。

一直以来，对于那些不是特别了解比特币的人来说，他们只知道比特币可以直接用钱购买，却不知道具体的购买流程和其他获得比特币的渠道。相比其他虚拟货币的获取方式，比特币要显得更复杂、专业。

要想获得比特币，必须先在电脑上安装最新版的比特币客户端，打开客户端之后它会自动将网络上的全部交易信息数据下载到本地，系统会显示账户余额为零，还会自动生成一个比特币钱包和收款地址。这个钱包就是投资者存放比特币的唯一地方。如果没有这个钱包，你就没有拥有比特币的资格。也就是说，一旦电脑丢失或数据损坏，那比特币也将无法找回。

获得比特币的方式主要有两种途径：

第一种途径是登录各大比特币交易平台，直接从拥有比特币的人手中购买。这个交易过程需要在专业的比特币交易平台进行。投资者需要先登录交易网站，注册成平台用户。注册成功后，平台会向投资者提供比特币的实时交易价格，并提供交易对象。在交易的过程中，平台会从双方的交易数额中扣取一定比例的手续费。

第二种途径是购买设备自行生产，也就是业界经常说的“挖矿”。按照比特币的设计原理，“挖矿”的产量将随着比特币的增加而减少，2012 年每次成功“挖矿”可获得 50 个比特币，2013 年 4、5 月已经降到 25 个，而且“挖矿”的产量将越来越少。由于“挖矿”的专业性比较强，所以大多数投资者都采用第一种途径获得比特币。

在交易比特币的过程中，卖出者需要把比特币收款地址发送给平台上的任意一个人。当买入者需要购买时，只需要拿到别人的地址，打开比特币客户端，输入收款者的地址，就能进行付款。付款完成之后，对方的比特币就会转入到自己的比特币钱包中，交易就结束了。

比特币在我国受到关注起因于一件事。2013 年 4 月，雅安地震发生的第二天，壹基金合作发展部在官方微博上发布了一条消息，在消息中公布了壹基金雅安地震比特币捐赠地址，并告知已经收到意向捐赠 50 个比特币，折合人民币 4 万元，同时还鼓励极客和骇客们向壹基金捐赠比特币。

这件事具有里程碑的意义。因为这是比特币第一次在我国代替人民币和物品成为捐赠物，而且受赠对象是大名鼎鼎的壹基金。在这次捐款活动中，壹基金总共收到 233 个比特币，折合人民币近 22 万元。

随着比特币的知名度日益提升，越来越多的人开始加入了比特币投资热潮中。比特币的投资原理一样很简单，低买高抛，这几乎是所有投资领域的共性。在比特币价位低的时候买入，当其升值到一定程度后，再以高价卖出。如此循环往复。

我身边不少人在网上听说了有人因为投资比特币一夜间净赚数十万元的事情后，也打算投资比特币。但由于比特币的专业性比较强，他们在接触的过程中遇到了不少麻烦。尤其是对于不经常操作电脑的中老年人来说，操作过程更是复杂。

有人向我咨询如何投资比特币，并请我教他们具体的操作方法。我当即告诉了他们我的立场：不建议投资比特币。因为比特币虽然很火爆，是投资的热门选择。但其所具有的专业技术性和犹如过山车般的行情，都预示着这是一项高风险的投资。虽然有可能会一夜狂赚数十万元，但也可能让你在一夜之间血本无归。

我有一个朋友平时就比较倾向于高风险投资，他的口头禅就是“富贵险中求”。当他看到不少人在投资比特币的过程中赚了不少钱，就在比特币交易平台上购买 30 万元做投资。结果因为无法掌握比特币的行情（其实这个行情毫无规律可言），结果被深度套牢，30 万元的投资如今只有 15 万元了。

2013 年 11 月 10 日，我国的比特币行情是 1：6 989，即 1 个比特币可以当作 6 989 元人民币使用。我的一个学员当时也想投资比特币，便去淘宝网咨询，当时有一家店主给出的价格是 6 500 元。而 2014 年比特币行情又出现了暴跌，到 2014 年 5 月 13 日，我国比特币行情徘徊在 1：2 704 左右，也就是说，

6 个月前一个比特币可以当作 6 989 元人民币使用，而现在一个比特币只可以当作 2 704 元人民币使用，暴涨暴跌可见一斑。

很多人投资比特币还有一个重要原因，就是认为比特币将来会演变成真正的世界性电子货币，将来会有更大的升值潜力。其实这一认识是错误的，比特币可以作为投资，但绝不可能成为世界性的电子货币。因为其自身存在着很多无法成为世界性电子货币的局限。

（1）去中性化。比特币没有一个集中的发行方，而是由网络节点的计算生成，谁都有可能参与制造比特币。

（2）匿名性。比特币虽然可以全世界流通，但它在流通的渠道主要是通过接入互联网的电脑进行，也就是说，任何人都可以不管身处何方都可以挖掘、购买、出售或收取比特币，但却无法辨认交易双方的身份信息。

（3）总量有限。根据比特币的程序算法，全世界比特币的总量到 2140 年将达到上限 2 100 万个。

（4）无政府信用背书。不管什么货币，如果没有政府强制的支持和政府信用背书，都很难具有特定的价值。没有政府明确支持比特币为法定货币，这在很大程度上削弱了比特币的特定价值。

（5）脱离货币本质。目前交易比特币的人本质目的并非是用它，而是用作投资、投机。而真正的货币应该是用在所需要的商品交换上，让交换的商品而非交换的媒介成为主角。

这些“先天缺陷”决定了比特币充其量只能作为投资工具，但永远无法成为电子货币。尤其是随着政府态度的日益明朗，比特币的市场走势也开始逐渐清晰。2013 年 12 月 5 日，中国人民银行发布的《关于防范比特币风险的通知》明确了比特币“并不是真正意义的货币”，并要求现阶段各金融机构和支付机构不得开展与比特币相关的业务。该通知一经发布，比特币交易立即遭到了多方抵制。

2014 年 1 月 7 日，淘宝宣布将于 1 月 14 日起禁售比特币、莱特币等互联网虚拟币等商品。淘宝称，商家应遵守央行、工信部、银监会、保监会和证监会《关于防范比特币风险的通知》等相关法律法规的规定，以及央行明确要求第三方支付机构关闭比特币、莱特币等交易通道，将对公司禁售商品管理规范做出调整。禁售的产品包括：比特币、莱特币、比奥币、夸克币、无限币、可可币、便士币、PPCoin、NameCoin等多种虚拟货币，此外还有比特币、莱特币的挖矿教程等虚拟币的教程、攻略，以及各种获取相关虚拟获币的硬件、软件。

尤其是2014年4月以来，部分比特币交易网站银行账户被封，比特币也遭到多家银行的“围追堵截”，前景堪忧。而对于比特币的未来发展状况，我个人并不抱太乐观的期望。因为比特币暴涨暴跌的价格体系已经完全脱离了虚拟货币的范畴，演变成了一种赤裸裸的投机炒作。在这场投机式的投资中，可能一夜暴富，也可能一夜致贫。但后者的概率比较大，因为精明的投资者，往往懂得在风暴来临前脱身。

虚拟货币投资是庞氏骗局吗?

在比特币大热之后，很多投机者看到了其中的商机，一时间各种各样类似比特币的虚拟货币以排山倒海之势扑面而来，五花八门的虚拟货币让人目不暇接。比如莱特币、质数币、比奥币、点点币、阿依币、安全币、美卡币、新星币、大地币，等等，数量多达几十种。业界人士戏谑性地把这些“后来者”称为比特币的山寨兄弟，简称山寨币。

很多人买不起比特币，就把大把的资金都投入到价格相对便宜很多的山寨币上，作为投资理财的一种新渠道。在这些山寨币中最受欢迎的要属莱特币了。

莱特币有着“银币”之称，它如今的交易额仅次于比特币。莱特币不仅在原理上和比特币非常相似，就连行情、市场走势都和比特币非常相似，这也是人们将其称为比特币的山寨兄弟的原因之一。

客户吴勇在2013年10月第一次听我解说莱特币，当天就果断以每个10元的价格买了200个莱特币。当时莱特币的行情一路飙高，一个月后每个莱特币的价格就涨到了100元，相比一个月前整整涨了十倍。

吴勇非常兴奋，说：“坚老师，这次真是押对宝了，等再涨一段时间就卖出去，到时候就可以发一笔横财了。”我对他说：“趁现在行情正坚挺，及时出手比较好。否则到时候有可能暴跌。”吴勇听了我的话，第二天就把手中的莱特币全部抛了出去，净赚 18 万元。几天以后，莱特币开始暴跌，曾在 24 小时之内急速暴跌了 51%。吴勇看到这一行情大喊庆幸。

面对比特币以及山寨币暴涨暴跌行情以及早已超出投资范畴的疯狂现象，开始有越来越多的人对虚拟货币的投资行为产生了质疑，认为这压根就是一场庞氏骗局。

如果真的是庞氏骗局，那最后的买入者什么财富和回报都不会得到，得到的只是一堆无用的电子代码。如今很多人都有过因为投资虚拟货币被深度套牢的惨痛经历，从半年前的 1：6 989 到如今的 1：2 704，不知道有多少人因此血本无归。在 2014 年 3 月 21 日之前，央行已经多次提示投资者投资虚拟货币含有极大的风险，此举并非故意和投资者作对，而是设身处地为投资者着想，避免投资者落入投资陷阱。

我就曾对我身边的人明确表达过不支持投资虚拟货币的行为，因为我个人也觉得这是一场庞氏骗局。

2014 年 3 月 21 日晚上，在我国三大比特币交易网站之一的火币网上，莱特币价格更是在 1 小时内从 90 元附近暴跌到 1 元，之后再度拉升到 80 多元，其疯狂程度让人震惊不已。并且当天比特币也在 1 小时一度暴跌 13%。

面对这一上蹿下跳的行情，很多投资者既有了范进中举的狂喜，也有了一夜回到“解放前”的悲痛。而对于那些投资失败的投资者，对虚拟货币的投资成了他们心头挥之不去的阴影。金融界的一些精英人士对于这一大起大落的行情，再次发出了庞氏骗局的呼声。

说起庞氏骗局，我们就绕不开“郁金香效应”这个典故，它发生在 17 世纪的荷兰，也是人类历史上有记载的最早的投资活动。

1635 年秋天的荷兰花卉市场，名贵的郁金香品种价格节节攀升，一种名贵的郁金香单株卖到了 1 615 荷兰盾（荷兰货币单位），而当时一头健壮的成年公牛才值 480 荷兰盾。看着郁金香的行情一路飙涨，一些投机商迅速进入这一行投资和炒作。一年后，投资郁金香的热潮蔓延为荷兰的全民运动。其中一株郁金香竟然以 4 600 荷兰盾的“天价”售出。

为了方便交易，荷兰人民甚至在证券交易所内开设了固定的交易市场。到了 1637 年，在一年时间里郁金香总涨幅高达 5 900%！而一种叫“Switser”的郁金香球茎价格在一个月里上涨了 485%！这一年，一株比较名贵的郁金香的价格可以买下阿姆斯特丹运河边的一幢豪宅。由此可见，郁金香的价格已经高到了什么程度。

同样是在 1637 年，郁金香泡沫破灭，价格一泻千里，千百万人因此倾家荡产，手中只剩下一堆卖不出去、一文不值的郁金香。

许多人听了后或许觉得太不可思议了，但这却是事实。庞氏骗局一旦形成，出于对财富的狂热追求，很多人都会变得疯狂，甚至完全失去理智。类似的事情在我国也发生过。

1984 年，君子兰因为品种名贵被吉林省长春市政府定为市花，并号召市民发展“窗台经济”，每一家都要养 3 ~ 5 盆君子兰。一时间，全市掀起了君子兰热，一些投机商人和机关单位也纷纷加入了炒作大潮，君子兰一跃成为可以与金条比肩的投资品。很快这种炒作狂潮就蔓延到全国，人们纷纷购入君子兰，以便转手获利。

当时人们对君子兰的投资陷入了一种疯狂状态。那时候人们一个月只有几十元的收入，但一株品种优良的君子兰却可以卖到 10 万元。可即便是如此离谱的价格，仍然有很多人争相抢购。更有甚者，因为买不起君子兰，不惜铤而走险去偷、去抢他人的君子兰，然后再转手倒卖。

不过，庞氏骗局总有谢幕的一天。1985 年 6 月，长春发现君子兰的投资形势已经非常严重，严重损害了当地的经济秩序，便禁止企事业单位炒花。于是，君子兰市场瞬间崩盘，价格一落千丈，成千上万的投资者倾家荡产。

大家只要认真分析这两个故事，就会发现它们和虚拟货币投资之间有着很多共性，尤其是它们早已超出了投资属性的范畴，彻彻底底成为一种投机行为。那些参与投资的人，就像是在参与一个疯狂的赌局，任何人都不知道自己在这场赌局中是输是赢，但都抱着一种侥幸的心理，觉得自己会是个幸运者，能够在这场高风险的投机中低买高抛，成为最后的赢家。正是这种侥幸的心理，让很多人成为投资虚拟货币大军的殉葬者。

如果你真的想在这场疯狂的赌局中分得一杯羹，那么我真诚地建议你，在虚拟货币持续受到央行打压、管制和互联网金融云谲波诡的时代背景下，对于虚拟货币的投资一定要慎重为先，量力而行，千万不要把自己全部的家当都投资进去。因为一旦泡沫破灭，你将血本无归。并且泡沫破裂有可能在一夜之间发生，让你连抛售的机会都没有。那时候，你手上剩下的只是一堆一文不值的电子代码。